ENCORE !

Jacques Dutronc

ENCORE !

Pensées et répliques

Collection
Les Pensées

le
cherche
midi

Coordination éditoriale : Frédéric Dieudonné

Vous pouvez consulter notre catalogue général et l'annonce
de nos prochaines parutions sur notre site Internet :
cherche-midi.com

Je n'ai strictement rien à dire mais je tiens à ce que ça se sache.

Et moi, et moi, et moi

– *Ça ne vous fatigue pas de prendre la vie à la rigolade ?*

– Non. Ce qui me fatigue, c'est le nombre invraisemblable de gens qui la prennent au sérieux.

*

Il faut plaisanter sur tout. Il n'y a que les concierges qui disent : « La plaisanterie a des limites. »

*

Les livres, je n'en regarde que les titres. Pas le nom des auteurs. Les génériques, ça fait chier !

*

Tous les ans, je relis ma collection de *Tintin*. Au départ, ce sont les dessins qui m'ont plu. Et puis y avait pas de gonzesses. Les histoires d'amour me faisaient tellement chier quand j'étais nain...

*

Ionesco est très fort. J'ai vu *La Cantatrice chauve* au théâtre de La Huchette. La pièce est à l'affiche depuis des dizaines d'années. Les comédiens ont dû changer, ou alors ils sont chauves pour de bon.

*

Partout à Paris, en Corse, dans mon bureau, sur ma table de nuit, il y a en double exemplaire un livre fondamental : *Éloge de l'ombre* de Tanizaki Junichiro. J'ai dû dire un jour que je l'appréciais, alors depuis on n'arrête pas de me l'offrir. Pour varier, je me fais une sorte de loto, je tire un numéro et, hop ! une nouvelle page.

*

Sur mon passeport, il y a eu « Artiste de variétés » et « Artiste lyrique ». Maintenant c'est « Comédien ». En fait, je suis sans profession. Je dépanne de temps en temps au cinéma ou dans les salles de spectacle. Mais mon véritable métier, c'est cuisse de poulet arabe. Un métier extrêmement rare.

*

– *Chanteur-acteur, vous n'en avez pas marre de choisir entre les deux ?*
– Ah ! C'est une question pertinente ! Vous avez bien fait de me la poser parce que, l'autre soir, je mangeais dans un restaurant avec une baronne et, d'un seul coup, j'ai senti des picotis sur mon mollet. C'était un coq.

*

J'aime pas beaucoup écrire. Je préfère les télégrammes : « Stop. Je viendrai pas... »

*

– *Vous avez des projets cinéma ?*

– Oui, on m'a proposé un truc. Le tournage doit avoir lieu aux Indes. J'ai donné mon accord, à condition qu'on me ramène tous les soirs chez moi.

*

– *Parlez-moi de vos projets de scène.*

– Eh bien voilà, je vais battre un Mongol et jeter des poules, plein de poules...

– ? ? ?

– Sur la scène, enfin, si on veut encore que je passe sur scène, je vais faire ça : battre un Mongol, habillé en vrai Mongol, qui recevra des coups de gourdin de temps à autre. Et puis jeter des poules. Je vais acheter des poules et je les ferai jeter sur la scène et dans la salle pendant que je chanterai. Ça foutra la pagaille partout. Elles sauteront sur le service d'ordre, perdront des plumes et ça sèmera le schisme. On va bien se marrer. Ça coûte cher, des poules, vous croyez ?

*

– *On vous dit très sarcastique...*

– Oui. Très rue-de-la-Paix aussi. Et rue-Mogador.

*

Quand j'étais petit, mon père avait l'habitude de balancer un pet gigantesque et de dire à la dame assise à côté de lui : « Ne vous inquiétez pas, je dirai que c'est moi. » C'est un héritage qui se transmet de pet en fils.

*

C'est en 1943, le 28 avril, après une ronde de nuit durant laquelle l'aviation alliée avait particulièrement bombardé (par erreur, sans doute, ou pour me jouer un mauvais tour) le quartier de la rue de Provence, que ma mère m'infligea la vie.

*

Enfant, je m'adonnais, en solitaire, à mes jeux préférés : découper des losanges dans les rideaux de ma mère, attacher des casseroles à

la queue de notre chat et, première manifes-
tation de mes dons artistiques (eh ! eh !),
apporter des modifications très personnelles à
la batterie de cuisine de ma mère pour la transformer en véritable batterie (de jazz). Je reçus,
tout au long de ces années difficiles, de cui-
santes fessées.

*

Elles m'annonçaient ce que j'allais peu à peu
découvrir : l'incompréhension dont les grands
artistes ont toujours été victimes. Bref, notre
cinq-pièces de la rue de Provence abrita pendant plus de vingt années un génie méconnu.

*

J'ai fait des études secondaires (elles sont
d'ailleurs restées très secondaires) au lycée
Condorcet, en compagnie d'une bande de
joyeux garnements. Là, j'ai très vite compris
que je n'embrasserais jamais une carrière...
intellectuelle... Je préférais déjà embrasser mes
petites camarades, lycéennes ou coiffeuses de
mon quartier.

*

Je crois que j'ai le dossier de mots d'excuses le plus fourni du lycée Condorcet. Ma mère était une scénariste assez géniale... Par exemple, le lundi : « Mon fils étant tombé dans l'escalier, il ne pourra pas... », etc. Le lendemain, c'était : « Mon fils étant tombé, vous vous rappelez, je vous l'avais dit dans ma lettre du tant, quelques maux de tête l'empêchent de... », etc.

*

– *Vous étiez bon élève ?*
– Non. Sinon, je ne serais pas là.

*

Je me suis inscrit aux Beaux-Arts pour voir. J'ai vu. Je suis reparti.

*

– *Vers quinze ans, vous aviez envie de faire quoi ?*
– Mais c'était pas une envie. Je faisais déjà. Et je tirais la chasse.

*

Dutronc-pette. J'aime !

*

Je trouve que balancer un pet, c'est moins sale que de voir les gens se laver les dents.

*

Quand j'étais petit et qu'on allait chez des gens, ma mère me glissait toujours deux ou trois feuilles de papier hygiénique dans la poche, pour le cas où... Maintenant que j'ai de l'argent, j'en achète des rouleaux entiers. C'est une sorte de revanche sur le sort.

*

J'ai une vie intérieure très riche. Avec tout ce que je bouffe, c'est pas étonnant.

*

– *Vous faites la cuisine ?*
– Oui. Je fais la salle à manger et le couloir aussi. Au jet.

*

– *Le café, vous l'aimez allongé ou serré ?*
– Allongé, un truc corse.

*

J'adore le boudin, je déteste les boudins.

*

Là, j'ai la grippe... Mais d'habitude, j'adore les huîtres.

*

Quand j'étais jeune, les gens disaient : « Il va percer, il va finir par éclater. » Éclater, c'est bien beau, mais pour ça, il faut être grand et gros et jeter partout de la viande. Moi, ce n'était pas mon cas.

*

J'ai longtemps eu plein de boutons sur la gueule. Je les appelais les cactus. J'en avais surtout un, que j'ai même filmé – j'ai gardé la bobine. Le plus gros cactus du monde. Et puis j'en ai surtout fait une chanson.

*

Je déteste mon numéro de téléphone.

*

– *Le message de votre répondeur ?*
– Une sonnerie occupée. Ou : « Le numéro que vous avez demandé n'est plus attribué. Veuillez le refaire. » Il y en a qui le refont.

*

– *Le don de la nature que vous aimeriez avoir ?*
– Je ne sais pas. J'ai déjà le doigt vert, le pouce vert, la queue verte aussi, parce qu'on avait dit que j'étais marié avec une belle plante.

*

– *La plus grande joie de votre carrière ?*
– C'est lorsque j'ai eu un gala annulé et que je suis rentré à huit heures chez moi pour lire *Les Pieds nickelés.*

*

– *La plus grande déception ?*
– C'est d'essayer de me masturber avec *Les Pieds nickelés*. On n'y arrive pas.

*

– *Quel est pour vous le comble de la misère ?*
– Je pense surtout que la misère est un comble.

*

– *De quoi vous méfiez-vous le plus ?*
– Des gens qui ont l'air honnête. C'est d'eux qu'il faut se méfier.

*

Je suis assez imperméable aux influences. Une sorte de loden.

*

– *Vous fumez combien de cigares par jour ?*
– Le plus possible.

*

– *Vous buvez pour noyer votre ennui ?*
– Pour l'irriguer seulement.

*

– *Boire, c'est un problème ?*
– Non. C'est plutôt ne pas boire qui en serait un...

*

– *Avez-vous déjà rencontré un génie ?*
– Dans les bouteilles, oui.

*

– *Votre médicament préféré ?*
– L'aspirine. J'en fume deux, trois cachets tous les matins.

*

– *Que pensez-vous de l'astrologie ?*
– La science désastre.

*

Mon signe astrologique ? Taureau ascendant Poissons. Pas boisson, hein ! Taureau, on le tue en corrida, poissons, on les pêche, faut que j'me défende !

*

– *La faute de français qui vous agace ?*
– C'est toujours la faute des Français !

*

– *Ta vie privée ?*
– Ben oui, mon vit est privé.

*

La mélancolie ? C'est un peu comme le marché noir en temps de guerre. Se dire qu'on est obligé de vendre le beurre quinze francs le kilo alors qu'on aurait pu le vendre dix-huit si on avait attendu une demi-heure de plus...

*

Je déteste les slips qui se déforment.

*

Au début, j'habitais rue de Provence, au cin-
quième. Plein de gonzesses dormaient ou faisaient leurs devoirs dans les escaliers bien
raides, glissants. Elles avaient le droit de
temps en temps d'apercevoir mon guépard à
travers la porte, parce que j'avais un guépard
à la maison. Elles se filaient rancard là, comme à
la brasserie du coin. J'avais tout peint en noir
chez moi et avant que la peinture sèche, j'avais
craqué des oreillers et des polochons, tout était
collé sur la peinture. Ça faisait une pièce à
plumes...

*

Gamin, je voulais être vétérinaire. J'ai eu
jusqu'à cinquante souris à la maison. Parfu-
mées à l'eau de Cologne. On les emmenait en
vacances.

*

L'éléphant, c'est un très bel animal. Ça pèse quatre tonnes et ça ne fait aucun bruit en marchant. Mais de là à vivre avec, faut réfléchir. C'est le genre de truc qui fait qu'on se dit :
– Tu devrais aller chez lui !
– T'es fou, il a un éléphant !

*

Je déteste les cintres de teinturerie en fer.

*

J'aime le noir, qui est le contraire du blanc qui fait hôpital.

*

Dans les hôpitaux, ce sont plus les visiteurs que les malades qui font des têtes d'enterrement.

*

Cactus et crabe au cul. Voilà ma carrière !

*

Je suis un peu Jekyll et Hyde. En fait, je ne suis rien.

*

En histoire, je n'admire qu'Alexandre le Grand. À cause de notre ressemblance. Beauté, grandeur, intelligence, etc.

*

Un véritable fantôme, ça me plairait assez. J'achèterais. S'il passait à travers les murs, je pourrais l'envoyer faire les courses la nuit, quand c'est fermé.

*

– J'aurais bien aimé rencontrer Haroun Tazieff.
– *Vous l'aimiez bien ?*
– Non, mais son prénom me plaisait. J'aurais adoré pouvoir dire un jour dans ma vie : « Allô, Haroun, c'est Jacques... »

*

Je déteste marcher pieds nus sur des bouteilles cassées.

*

Se lever tôt, se coucher tôt, pour un homme
sain et beau, telle est ma devise.

*

Je me lève tôt par besoin. À tout point de
vue.

*

Je ne dors pas beaucoup. Il paraît que c'est
très à la mode. Dans les boîtes de nuit, ça fait
bien : « T'as dormi combien, toi ? Quatre
heures ? Ah, la vache ! Tu déclines... Moi, j'ai
dormi une demi-heure ! »

*

– *Vous dormez combien d'heures par nuit ?*
– Le plus possible. Mais le plus se trans-
forme souvent en moins. Quatre, cinq heures.

*

Je suis insomniaque. Le lit, c'est ce qu'il y a de plus dangereux. Plus dangereux que la voiture. Il suffit de penser au nombre de gens qui y meurent.

*

– *Vous avez des recettes de cuisine de votre cru ?*
– Oui. Le faigaffetacul à l'estragon. Tu prends un faigaffetacul, bien gras de préférence, et inverti si tu peux, et tu le retournes dans une poubelle en caoutchouc. Tu ajoutes une pelle de sable frais, trois abeilles vivantes, deux tebis de grenés, une pincée de fausses notes, un doigt de Breton et trois livres de Paul Claudel. Tu mélanges le tout-à-l'égout et tu laisses mariner dans un litre de jouvence de l'abbé Soury. Attention, c'est à servir chaud !

*

– *C'est gênant d'être insomniaque ?*
– C'est surtout bien d'avoir un insomniaque sous la main. Moi, à cinq heures, je suis levé, en train de changer une ampoule, de revisser un meuble ou de réparer une clôture.

*

Mon somnifère, c'est le professeur de mathématiques de mon fils. Le soir, il vient me voir, il me parle de mathématiques, il me suit jusqu'à mon lit, il continue et je dors parfaitement. Sans effet secondaire.

*

L'ordinateur est un hypnotique. Les gens dorment devant l'écran. Ils sont fascinés comme des papillons face à une lampe. Ils se grillent sous l'abat-jour.

*

Chez la plupart des gens qui bossent, on sent une somnolence de fonctionnaire. C'est le genre : « Réveille-toi, c'est l'heure d'aller se coucher ! »

*

L'avantage qu'il y a à entretenir une réputation de feignant, c'est que ça évite même la peine de faire semblant de travailler.

*

– *Pourquoi avez-vous quitté Paris ?*
– Marre de voir le dos des gens. Ici, ils sont de face.

*

– *Comment avez-vous découvert la Corse ?*
– Comme Christophe Colomb. J'ai débarqué avec un tas de bibelots et de verroterie, des miroirs... Les gens s'extasiaient : « Oh ! »...

*

Je suis venu pour la première fois en Corse en 1959. Ça m'a beaucoup plu. Faut dire que je ne connaissais rien d'autre. Mais enfin, ça veut rien dire, c'est comme les gonzesses. On va pas se faire toutes les gonzesses de la Terre pour être sûr d'avoir tiré le bon lot.

*

Touriste en Corse ? Non. Dans la vie, oui.

*

– *En Corse, vous cherchez le soleil ?*
– En Corse, on cherche l'ombre. De là à aller en prison...

*

– *Qu'aimez-vous en Corse ?*
– Moins le côté touristique que les fonda-tions. Attention, j'ai pas dit la cave !

*

– *Comment avez-vous fait pour être accepté des Corses ?*
– Je n'ai rien fait, justement.

*

Il ne faut pas croire, en Corse aussi, les coqs chantent. Tous les jours. Vers seize heures.

*

La Corse est un petit continent ; l'Europe, une grande île.

*

Comme tous ceux qui ne les allument pas, on peut considérer que j'éteins les incendies en Corse.

*

Le problème corse... On ne parle que des problèmes de la Corse... Tu crois pas qu'il serait temps, un jour, de parler des solutions ?

*

Au Casino de Paris, on va essayer de chanter la chanson corse. Le problème, c'est de trouver des chanteurs qui acceptent de turbiner tous les soirs.

*

– *Il paraît que sur* Merde in France, *tous vos choristes étaient corses.*
– Oui, c'étaient mes corsistes.

*

– *Quand vous êtes en Corse, que répondent les gens du coin quand des touristes en balade leur demandent où est la maison de Jacques Dutronc ?*

– Deux possibilités : soit ils ne répondent rien, soit ils leur indiquent – exprès – une tout autre maison, perchée de l'autre côté. Résultat, les promeneurs crapahutent une ou deux bonnes heures pour des nèfles, et comme ils sont crevés et assoiffés, ils redescendent direct boire un verre chez Jojo, le bar de la place. C'est bien, ça fait marcher le commerce.

*

C'est une connerie de faire la queue au musée, comme si on était dans une salle d'attente. Moi, mon musée, c'est la Corse. Vivre là-bas, c'est être au centre des plus belles toiles, elles palpitent, elles respirent. En général, je préfère les peintres en bâtiment à ceux de la tour Eiffel. Et aussi Van Gogh, mais il reste à part, trop lié au film de Pialat. Et Bosch – quoique dans une salle, ce serait très écrasant.

*

J'ai fait la Corse en auto, en hélico... jamais à vélo. Je suis pas bâti pour. Comme dit Françoise, j'ai des mollets de joueur de belote.

*

En Corse, on ne dit pas : « Comment tu vas ? », qui implique un déplacement, mais : « Comment tu restes ? »

*

Je passe près de neuf mois par an en Corse. Et rien ne vient...

*

La sieste, c'est comme une anesthésie. Tu te réveilles, tu ne sais plus où tu es... C'est un métier, la sieste. Il faudrait que je prenne des cours. Il faudrait que je voie un maître.

*

Travailler, d'accord, encore faut-il avoir le temps...

*

– *Si vous n'aviez pas fait cette carrière, qu'est-ce que vous auriez aimé faire ?*
– Du jardinage ou réparer des trucs. N'importe quel boulot de retraité, en somme.

*

Ma seule satisfaction, c'est de savoir que je bosse pour être peinard ensuite. C'est le propre des paresseux.

*

Mon activité favorite ? La délectation morose.

*

Le travail paie dans le futur. La paresse, elle, paie comptant.

*

Parfois, je constate que je m'emmerde. Donc, je réfléchis à ce que je devrais faire. Puis je me dis que si je le faisais, je m'emmerderais encore plus, donc, en fait, ça va à peu près.

*

La paresse a besoin de rencontres.

*

Je compte mes amis sur les doigts d'un pied.

*

Mes potes, ce sont mes extensions de mémoire.

*

– *Vous vous liez facilement ?*
– Les portes sont toujours un peu entre-bâillées au début. Mais lorsqu'elles sont ouvertes, elles sont grandes ouvertes.

*

Je suis un ermite sociable. Curieux spécimen...

*

Rien ne vaut une soupe d'araignées de mer entre amis. C'est comme un hold-up, avec le côté partage du butin : « Tiens, reprends-en une poignée. » Ça n'a pas de prix, ça !

*

En principe, il n'y a que des fadas autour de moi. Je me suis nommé directeur de clinique psychiatrique ou de maison de repos. J'ai ma blouse, là, qui traîne dans un coin.

*

Pour intégrer la bande, il faut être différent de ceux déjà en place. En ce moment, ça va du prof de maths au garçon de café, en passant par un peintre, un plombier, des Corses, le nain, bien sûr. Je cherche un menuisier...

*

De temps en temps, il y a des évasions. Des gens ont été repris. J'en ai repris à vingt kilomètres de chez moi. Cirage sur le visage, barbelés coupés. Ils rampaient pour repartir. Ils auraient dû ramper avant, plutôt, c'est un peu dommage.

*

Quand j'ai rencontré mon ami Jean Luisi, j'avais l'impression de l'avoir déjà vu. En fait, c'était pas du déjà-vu, c'était autre chose. Il me rappelait un cours de chimie quand j'étais gamin. J'étais arrivé à fabriquer cinq litres de boules puantes.

*

Le personnage le plus important du groupe, c'est le silence. Pour être des nôtres, il faut savoir se taire quand personne n'a envie de parler.

*

Je produis le disque de mon meilleur ami Jean Luisi. On fera le meilleur lancement jamais vu. On va lancer Jean du troisième étage de la tour Eiffel. On a calculé : il aura le temps de chanter sa chanson avant de s'écraser.

*

Mon pote Jean Fauque, c'est une espèce de génie moderne. Il suffit d'ouvrir une bouteille et toc, il apparaît. Bon, il sort pas de la bouteille parce qu'elle est pleine, sinon, évidemment, il viendrait pas.

*

Je manque de bouffons pour être un vrai roi. Ou de roi pour être un vrai bouffon.

*

— *Vous avez souvent des rendez-vous avec des inconnus ?*
— Pas de rendez-vous ! Déjà, avec ceux que je connais, ça me fait chier. Alors, avec des inconnus...

*

Je suis toujours à l'heure à mes rendez-vous. Comme ça, je peux repartir plus vite.

*

– *Vous n'aimez pas les gens en retard ?*
– Qui aime ça ? Même les gens que tu aimes, chaque minute où tu les attends, tu les aimes un peu moins. Alors, au bout d'une heure d'attente...

*

C'est un ami. On ne se voit pas... assez ! Et non : on ne se voit pas... lassés !

*

Je suis timide, un p'tit peu plus que la politesse. Le succès ne change rien, il n'y a que quelques bières qui peuvent y faire...

*

Je suis sauvage. Je préfère être seul chez moi que seul chez quelqu'un d'autre.

*

– *Vous êtes peu loquace en interview. Vous parlez un peu comme un référendum : « Oui », « Non »...*

– Peut-être.

*

Je n'aime aller que dans des endroits que je connais bien, où j'ai mes repères. Si, dans une salle pleine de monde, j'ai une furieuse envie d'aller faire la petite commission et que les toilettes sont à l'autre bout, je n'y vais pas. Je préfère me retenir et souffrir le martyre. Ou bien je me tire.

*

Les boîtes de nuit, c'est une salle d'attente. Dans le même genre, je préfère le zoo.

*

Une solitude exemplaire, pour moi, ce serait d'aller le dimanche après-midi dans une boîte de strip-tease à Pigalle, seul au milieu de touristes japonais, et de boire du mousseux...

*

Il y a des types que j'adore écouter. Ceux qui revalorisent des choses extrêmement simples, qui me racontent qu'ils ont mangé une tomate, comment ils l'ont mangée et qui avouent s'être couchés après. Normalement, un type qui te raconte ça, t'écoutes pas, tu détournes la conversation : « T'aurais pas un cendrier, s'il te plaît ? »

*

J'aime bien les gens qui ont des hauts et des bas.

*

Je préfère les gens qui disent « Non, car » à ceux qui disent « Oui, mais ».

*

J'ai longtemps traîné une image de décon-neur permanent, désinvolte. Après, tu peux appeler un pote en disant : « Je vais pas bien du tout », le mec te rit au nez. Le problème, c'est que, à l'inverse, il y a les sauveteurs amateurs qui te disent : « Ah, je le savais bien ! » Conclusion : avec tes amis, il faut savoir se contenter d'allusions.

*

J'ai parfois envie de téléphoner à des gens. Mais pendant tout le travelling que je fais pour aller jusqu'au téléphone, j'ai déjà tout dit, et quand je décroche, je dis : « Allô », et c'est tout.

*

C'est dur d'être civilisé, parfois. Prends tous ces gens qui t'appellent pendant une plombe et qui, à la fin, te disent : « Bon, quand est-ce qu'on se voit ? », alors que tout a été dit. Tout ça pour t'entendre dire : « Alors, tu fais toujours des conneries ? » Pour eux, c'est toujours la même démarche. « Et qu'est-ce que tu racontes ? – Ben, rien. » C'est le royaume des banalités, leur truc. Surtout, dès que tu commences à donner un avis, à lâcher quelque chose qui te concerne, c'est : « Bon, ben tu m'appelles, il faut qu'on se voie ! » C'est un métier, ça, de vivre de projets, de projections !

*

Il faudrait peut-être que je sois plus ouvert, que je parle davantage. Je fonctionne comme un plan de Godard.

*

Je suis comme un objet : quand j'ai trouvé ma place, je ne bouge plus. Mais j'aime le voyage. Si vous me donnez un billet pour Montréal, je suis ravi de partir, pour le voyage ; Montréal, je m'en fous.

*

Rien que je déteste plus que sortir de chez moi. Ou, peut-être, rentrer chez moi.

*

C'est toujours pareil : lorsque je n'ai pas envie d'aller quelque part, après, je ne peux plus en repartir.

*

J'avais un secrétaire édenté. J'aimais bien lui demander de m'amener sur le *fériférique*. Ça faisait exotique !

*

— *Votre ancien secrétaire s'est plaint en disant que vous aviez l'habitude de lui casser des œufs frais sur la tête et de l'asperger ensuite de yaourts et de farine. C'est vrai ?*
— C'est un ingrat. Il a oublié de dire qu'ensuite je lui donnais un pain de beurre frais en guise de savon pour se laver.

*

À l'époque où l'on mettait les chaussures à côté des portes pour les faire nettoyer, j'envoyais mon secrétaire acheter les mêmes soit une taille en dessous, soit une taille au-dessus. Le matin, c'était génial, parce que les mecs trouvaient toujours une explication : « Ça doit être le chauffage par le sol qui vous fait gonfler les pieds... » Ça me faisait assez rire ! Il y en a eu d'autres : on chiait tous dans un journal et on foutait le feu au journal, on tapait à la porte. On disait : « Au feu ! » et, bien entendu, la personne devait dormir, donc son premier réflexe, c'était d'arriver pieds nus et en pyjama, et de taper les pieds là-dedans !

*

Un jour, un fan a fait un petit trou dans le mur de mon appartement, un œil magique pour pouvoir me voir depuis les WC qui sont sur le palier. J'ai donc été forcé d'en mettre un de mon côté aussi, pour voir qui c'était. Il en a fait un autre, en angle, pour ne pas être vu. J'en ai donc fait un quatrième. On n'en finissait plus ! Finalement, tout est bouché maintenant. Y compris les WC.

*

J'aime bien le jeu du peintre. Il faut prendre un peintre, bien dodu si possible, l'enfermer dans une voiture pourrie et lui demander de ne plus bouger. On prend ensuite quatre ou cinq autres voitures pourries avec des copains – des

Jeep, c'est pas mal –, et on fait une ronde infernale autour du peintre en rentrant dans sa voiture le plus de fois possible. Il faut qu'à la fin du jeu la voiture du peintre ressemble à un petit accordéon en ferraille. Alors, si le peintre réussit à en sortir sans chalumeau, il a gagné. Notez qu'on peut jouer plusieurs fois de suite avec le même peintre si on réussit à le rattraper.

*

– *Perfectionniste ?*
– Pour les conneries seulement.

*

La connerie, ça me choque. Je suis assez souvent mal avec moi-même, d'ailleurs.

*

L'insolence cache beaucoup de choses. Elle cache l'essentiel.

*

Un réactionnaire, c'est quelqu'un qui prend les lanternes pour des vessies.

*

Semer la merde est une chose, la récolter en est une autre.

*

La timidité est une forme de politesse.

*

Le travail, ça salit, ça fatigue et ça déshonore.

*

La modestie est l'art de se faire louer une seconde fois.

*

Ce qui est amusant, c'est de jeter une bouteille à la mer et de croire qu'elle apportera la réponse.

*

Le bonheur n'est pas quelque chose que l'on vit, c'est plutôt quelque chose dont on se souvient.

*

Fouiller dans un grenier, c'est toujours très beau, même si on y trouve des chaussettes sales.

*

La cravate, c'est le passeport des cons.

*

La vie est une pute et il faut avoir les moyens de se l'offrir.

*

Faut tout lire. Faut tout voir. Faut tout boire.

*

Je déteste me coincer les doigts dans une porte.

*

Je suis superstitieux mais je ne sais pas par quoi ça se manifeste.

*

Je suis parfois en colère mais je ne me mets pas en colère. J'exprime ça autrement... aux toilettes.

*

– *Vous êtes rancunier ?*
– Et vous ?
– *Non.*
– Et si, d'un seul coup, je vous mets mon poing sur la gueule ?

*

Mon plus grand regret ? Que Léon Zitrone n'ait pas été contrôleur aérien. Ça aurait été une merde : « Et voici le Boeing 707 qui apparaît, suivi de près par un Airbus, mais voici que surgit un 747 de l'extérieur », etc.

*

Il y a des gens qui vous demandent de la musique de film en précisant *Le Docteur Jivago*. Il faut laisser les gens dire des conneries. C'est moins grave qu'un paquebot qui dégaze au large de la Bretagne.

*

Un tour de chant, c'est chiant, c'est comme un tour de taille, ça varie.

*

Un banquet sans confettis ? Aussi sinistre qu'une femme sans poitrine.

*

J'éprouve un réel plaisir à écouter des gens chanter faux.

*

J'aime un Bussy. Jamais deux à la fois.

*

Qu'est-ce que vous diriez d'une table ronde avec Patrick Modiano, Françoise Sagan, Wim Wenders et moi ? Ce serait... vibrant... hein ? On entendrait le silence. Je passerais pour un bavard.

*

Les idées, ça va et ça vient, sans aucune importance. Ce sont les mots qui sont difficiles...

*

Avec tous les malheurs qu'on nous file sur la tronche toute la journée, je crois que les bonheurs, on se les fabrique artificiellement, ou moralement, ou physiquement. Le mien, il est dans la fumée, dans le havane qui me consume plus vite que lui.

*

Je n'ai jamais été très optimiste. À tel point que j'ai toujours hésité à m'abonner pour plus d'un an à un magazine.

*

2000 : une année très optimiste pour les pessimistes !

*

Ariane Mnouchkine a fait un régime pour la Bosnie. Elle est sûrement sincère, mais enfin, je ne sais pas... La Bosnie... Tout cela doit être aussi bien financé que le football. Il y a plusieurs équipes, non ?

*

Il ne faut pas confondre les pessimistes et les déçus. Les déçus, eux, ont des preuves.

*

Les militaires sont des metteurs en scène. Tous les jouets qu'ils n'ont pas eus dans leur enfance, ils les ont en réalité : trains, avions, etc.

*

Le prix Nobel de la paix... Certains tue-raient pour l'avoir, non ?

*

La politique, c'est un des rares métiers du spectacle où l'on voit toujours les mêmes acteurs, le même scénario, les mêmes décors et les mêmes costumes, et personne ne dit rien. Et ça fait toujours des entrées.

*

La démocratie, c'est le beaujolais. Et le beaujolais, c'est Saint-Tropez. Vous avez un port qui fait deux centimètres, ça devient le musée Brigitte-Bardot et on se marche sur les pieds. Le beaujolais, c'est pareil. De 50 000 litres, on est passé à 50 millions. Démocratie. Tout le monde boit du mauvais vin. Mais tout le monde en boit. Même tarif pour le saumon. Tout le monde en a. Il est infect. Démocratie.

*

C'est dommage qu'il n'y ait pas d'électricité de luxe. Tout le monde a la même. Ça doit gêner certains richards : « Comment se fait-il, ma chérie, que nous n'ayons que du 220 ? Je ne comprends pas, il nous faut du 1 240 ! »

*

Des prises de position, je n'en ai pas vraiment. Ma position est souvent couchée.

*

– *Est-il exact qu'un jour vous ayez baissé votre pantalon devant un des grands de ce monde ?*
– Exact. Ça me grattait.

*

– *On vous dit de droite.*
– C'est peut-être parce que je ne suis pas né en Algérie ou que j'ai les yeux bleus. Faut se méfier des détails.

*

– J'ai bouffé un jour à l'Élysée en tête-à-tête avec Mitterrand.

– *Et vous êtes devenu socialiste ensuite ?*

– Ah, mais ça n'a aucun rapport. Je peux bouffer avec un chirurgien sans être opéré.

*

– *Mitterrand était un bon metteur en scène ?*

– Mitterrandscène, oui...

*

Actuellement, j'imagine que si les fœtus recevaient toutes les informations du dehors, s'ils pouvaient s'exprimer dans le ventre de leur mère, ils refuseraient sans doute de sortir. Les femmes deviendraient énormes, ce serait terrible. Et puis, au bout d'un moment, ils tomberaient d'un seul coup, paf !

*

Je sers d'encre à certains journaux.

*

Les gens t'étiquettent très facilement – et par ordre alphabétique, hélas...

*

Arrêtons de montrer ! On montre et aussitôt, tout le monde dit : « Ah, ben moi aussi... » Ça fait chier de montrer que Catherine Lara a les pieds plats, que Michèle Torr a du cérumen dans les oreilles. Qu'est-ce que j'en ai à foutre, moi ? Est-ce que les gens qui lisent les journaux vont voir l'imprimerie ?

*

– *Les critiques font mal ?*
– Être critiqué, c'est déjà commencer à être aimé, non ?

*

– *Que pensez-vous de votre image ?*
– Elle est dans la vitrine ; moi, dans l'arrière-boutique.

*

– *Vos lunettes noires, c'est pour ne pas être reconnu ?*
– Non. C'est quand je les enlève qu'on ne me reconnaît plus.

*

Ce qu'il y a de beau, c'est la cravate en dehors de la chemise. Comme si tu allais te pendre.

*

Mon style ? Je ne sais pas. Je ne veux pas être aniticaméléon mais je me méfie des modes. J'ai un capot qui me plaît. À la rigueur, je veux bien changer le moteur...

*

– *Avez-vous conscience que vous êtes beau ?*
– Maintenant, je suis vieille, c'est fini. C'est l'intérieur qui compte. Pour l'extérieur, apparemment, faudrait s'adresser à un chirurgien esthétique. Parce que je sais pas ce qui se passe,

ils sont tous refaits. C'est leur obsession, de changer la carrosserie. Pourtant, c'est pas avec ça qu'on roule.

*

Quand j'étais jeune, un mec de quarante ans, il était en costard, rangé, fini, quoi. Plus on avance dans le temps, plus on repousse l'échéance. Cinquante, soixante... Y a plus de limites. Ah si : les analyses.

*

– *Votre vérité ?*
– Ça, personne ne le sait. Même pas moi. Quand tu te regardes dans une glace, c'est déjà faussé, l'image est à l'envers.

*

– *Vous avez gardé des illusions ?*
– J'ai gardé celles qui me servaient.

*

– Il faut de la patience pour en arriver là où vous êtes aujourd'hui ?
– Pour l'entourage, oui.

*

J'ai peur d'avoir peur. Ça ne se commande pas, ça ne se contrôle pas, la peur. En revanche, ça se provoque. Il suffit de bien choisir ses rubriques dans le journal.

*

Le bonheur, c'est bien avec des plus. Je pourrais être bien tout simplement, mais puisque je suis bien, allons-y, rajoutons-y un cigare, et ça, et ça, le grand complet, quoi. L'excès, ça, c'est bien.

*

Je suis pour l'augmentation du goût de la vie.

*

Le problème du bonheur, c'est que ça cache toujours quelque chose ; la note finit toujours par tomber. Alors quand je suis heureux, j'attends la facture.

*

Je dis stop quand tout commence à être bien. Comme ça, je ne peux être déçu que par moi-même.

*

C'est l'insatisfaction qui fait marcher la machine. Mais bon, il y a un moment où il faut se sentir satisfait quand même, sinon...

*

– *Il y a de la lumière au bout du tunnel ?*
– Certainement les phares du train qui suit, alors.

*

Le succès ? Un tranquillisant.

*

Je déteste l'anticyclone des Açores.

*

Je suis vraiment désolé pour les gens qui ont un travail pénible, mais le mien me plaît assez.

*

– *Tous les gens de votre famille exercent des métiers respectables, sauf vous. N'avez-vous pas de complexes ?*
– Aucun. C'est moi qui me tape le plus de filles et d'impôts.

*

– *Que pensez-vous de la société de consommation ?*
– C'est beau, la consommation, mais gare aux indigestions !

*

J'ai arrêté de croire au Père Noël le jour où, dans une galerie marchande, il m'a demandé un autographe...

*

Avant, les jeunes filles me demandaient des autographes. Aujourd'hui encore – mais elles précisent : « C'est pour ma grand-mère ! »

*

Dès que j'ai de l'argent, il est mangé. Je ne suis pas écureuil du tout ! Mon rapport à l'argent est devenu difficile le jour où l'on m'a expliqué que, civiquement, il fallait apprendre à mettre de côté pour se faire racketter par l'État.

*

Je préfère l'argent des autres.

*

Je déteste les huîtres à la lavande.

*

Je pense du bien de l'Afrique. Mais qu'est-ce que l'Afrique pense de moi ?

*

L'Amérique, c'est un immense centre commercial avec un très grand parking. Si on est bien garé, ça va, mais si on attend sa place, on peut crever.

*

L'Espagne ? À sept heures du soir, ça sent la merde. À sept heures trente, ça sent la merde et un peu l'huile d'olive. À huit heures, ça sent l'huile d'olive et un peu la merde. À neuf heures, ça sent la transpiration. Cela dit, je n'y suis jamais allé.

*

Les éléphants, ce sont des saloperies. Il faut les exterminer, ces sales bêtes ! C'est énorme, c'est laid. Ils ont une bite énorme et ça me complexe à mort !

*

– J'étais un fan du zoo. Avec mon père, j'ai dû m'y trimbaler pendant dix ans. J'y allais au minimum une fois par semaine. Même, j'essayais une fois par jour, mais c'était compliqué.

– *Pour voir certains animaux particulièrement ?*

– Un seul, un canard.

– *Qu'est-ce qu'il avait de spécial, ce canard ?*

– C'était un canard mandarin, très laid, avec plein de plumes. Enfin, il était pour moi.

– *Vous avez eu cet amour-là récemment ?*

– Non, non, quand j'étais petit. Quand il est mort, je ne suis plus retourné au zoo.

*

– *Vous aimez les pigeons ?*

– Oui, quand ils ne me font pas de tenue de camouflage.

*

En Corse, j'ai quarante chats. Je leur envoie des fax du genre : « Papa arrive, tout va bien. » Je leur parle aussi. Quand quelqu'un passe, pour ne pas avoir l'air barjo, je fais semblant de téléphoner avec mon portable.

*

J'ai quarante chats et ils ont chacun un nom. Ce qui ne sert à rien parce qu'ils sont solidaires : on en appelle un, ils rappliquent tous.

*

– *Vous n'avez que des chats comme animaux ?*
– En ce moment, oui. Enfin, ça dépend des matelas.

*

– *Le plus grand moment de votre vie ?*
– C'est maintenant !

*

– *Et le pire moment de votre vie ?*
– Ça va être après.

*

Intervention d'un barman lors d'une interview :
– Vous désirez boire quelque chose ?
– Non merci. Je bois les paroles de monsieur Dutronc.
– *[Jacques Dutronc :]* Vous allez être au régime sec.

*

– *Vous êtes heureux, là ?*

– Oui. Écoutez : je suis à l'hôtel, je fume un cigare, je bois de l'eau. Non, pardon, c'est de la bière. Hier, j'ai fait les interviews au champagne, j'ai été malade. Maintenant, je suis obligé de prendre du fixateur.

*

– *Vous êtes maso ?*
– Non.
– *Sado ?*
– Ça d'eau mais beaucoup de whisky.
– *Miso ?*
– Jeans, oui, pas trop serrés.
– *Miro ?*
– En peinture seulement.
– *Schizo ?*
– Fresnes. Sans oublier la Santé.
– *Scato ?*
– Logique.
– *Provo ?*
– Cacateur.
– *Cabot ?*
– Un cas beau...

*

Intervention de l'attachée de presse :
– *C'est bientôt fini. Jacques est fatigué.*
– C'est terrible, on me fait passer pour un vieillard. Bon, vous êtes la dernière, après j'arrête. Normalement, vous devriez avoir droit aux plaisanteries de l'orchestre.

*

Les journalistes :
– *Quelle question aimeriez-vous qu'on vous pose ?*
– Celle-ci : « Vous voulez qu'on s'en aille ? »

*

Je ne parle pas aux journalistes, je réponds juste aux questions.

J'aime les filles

– C'est rare, les filles qui restent avec moi jusqu'au petit matin. En principe, je les renvoie directement chez leur maman.

– *Et celles qui n'ont pas de maman ?*

– Je les renvoie chez leur mari.

*

– *Vous avez la réputation d'un tombeur de filles, d'un tueur de dames.* Tueurs de dames, c'est un film aussi. Vous l'avez vu ?

– C'est très vieux, ça. Non, moi, c'est beaucoup plus moderne, plus organisé.

*

– *Donc, votre réputation est méritée ?*
– Hélas, oui...

*

– Une fois, j'avais repéré une petite annonce dans un journal : « Ne soyez plus ridicule en société. » Alors, j'avais écrit, comme ça, pour voir. Et on m'a répondu, c'était intéressant. C'était basé sur des phrases toutes faites, sur tous les sujets. Première catégorie : peinture, cinq pages de réponses ou réflexions courtes à apprendre par cœur. Ensuite, *idem* en architecture, en sculpture...

– *Et pour les filles, c'était : « Vous habitez chez vos parents ? »*

– Oui. Et aussi : « Serez-vous salle Wagram samedi soir ? », « Viens faire un tour sur ma bicyclette... » J'ai essayé cette méthode, un fiasco.

*

La drague a beaucoup évolué depuis mes débuts. Maintenant, on drague dans les supermarchés, c'est beaucoup plus facile. On trouve tout ce qu'on veut, à tous les étages. On a même le rayon nuptial, si on veut vraiment se marier. Il y a aussi le rayon bricolage, si on est un amateur douteux. Pour moi, tout va bien, j'ai trouvé mon rayon.

*

J'ai eu beaucoup de conquêtes. Et j'ai les notes de frais qui le prouvent.

*

– *Vous avez eu combien de femmes dans votre vie ?*
– Je ne sais pas. Trois ? Quatre... À la fois. Pas plus. Après, ça devient un troupeau et tu finis berger.

*

Un soir, je rentre chez moi et je trouve mon appartement bien rangé, mon lit fait... tout était propre. Renseignements pris, personne n'était passé par la porte. En fait, c'était une gonzesse qui faisait du trapèze dans un cirque et qui était passée par les toits pour entrer par ma fenêtre. En plus, c'était pas facile, j'avais même pas de balcon ! Elle avait tout astiqué et m'avait laissé un gentil « Je t'aime » sur la table de nuit.

*

Les femmes qui ne me connaissent pas m'aiment davantage. Les autres ont plus de mal. C'est sûrement mieux que l'inverse.

*

Ce que je préfère chez une femme : son absence. Inestimable.

*

— *Vous préférez les femmes douces ou dures ?*
— Au toucher ? C'est vrai qu'une jolie femme avec la peau d'Eddie Constantine... Une femme, douce ou pas, c'est une femme. Qu'elle se contente d'être l'équivalent d'un homme et ça va.

*

Le nombre de bonnes femmes qui m'attendent encore et qui vieillissent, qui vieillissent... et voilà... et j'ai pas eu le temps... j'aurais dû partir avec un bâton, enfin, deux bâtons, sur les chemins de France, visiter ces pauvres femmes.

*

Les femmes, elles ont la plupart du temps quelque chose à se reprocher, ce qui est logique puisque ce sont des femmes, donc il suffit de les fixer et elles se disent : « Il sait. » Alors là, elles s'offrent.

*

Le macho, c'est quelqu'un qui cherche. Moi, j'ai trouvé.

*

– *Vous êtes misogyne ?*
– Oui. Comme tous les mecs fidèles. On n'en aime qu'une.

*

– *Qu'est-ce qui vous fait craquer chez une femme ?*
– L'odeur. Pas le parfum, hein, l'odeur.

*

Je déteste la bijouterie chez les femmes. Porter des bijoux comme s'ils étaient à vendre... C'est l'arbre de Noël qui cache la misère.

*

Je déteste les femmes qui dorment à côté de vous et qui ont le souffle tiède, cette espèce d'accrochage Velcro.

*

Le problème de certaines femmes, c'est qu'elles portent des robes qui laissent entendre qu'elles vont se mettre à chanter. À chanter faux, évidemment.

*

Pour connaître l'âge d'une femme, il faut la voir avant son petit déjeuner.

*

Les femmes laides doivent sûrement en savoir un peu plus sur les hommes que les belles femmes.

*

On ferait mieux d'être jaloux de ce qui se passe entre deux individus, entre un homme et une femme, par exemple, que de jalouser ce que possède l'un ou l'autre.

*

Tous ces couples qui s'emmerdent au resto, qui bouffent sans se dire un mot... On les sent pas vraiment sortir de la chambre à coucher...

*

Tout le monde peut séduire. La preuve, il y a des enfants partout...

*

Un couple, c'est fait de trahisons multiples. Mais un homme ou une femme seul(e) aussi.

*

Certes, il peut y avoir des accidents dans le couple, mais ce n'est pas parce qu'on crève un jour qu'il faut jeter la voiture.

*

Ce qui manque dans un couple, c'est une loge, comme à la scène.

*

C'est bien de regarder les femmes. Comme ça, on peut se dire : « Tiens, celle-là, je lui ai échappé. »

*

Comment je regarde les femmes ? De bas en haut, en général. De gauche à droite pour les plus grosses.

*

Seuls les gens myopes comme moi comprendront les difficultés que j'ai eues à sortir avec de belles filles.

*

J'avais un vrai piège à filles. Un piège à filles, en fait, ça ressemble à de vulgaires pièges à lapins : une branche maintenue recourbée par une ficelle, un nœud coulant, et hop ! Lorsque la fille marche sur le piège, elle se retrouve pendue par un pied. Comme appât, le collier ou la bague sont conseillés.

*

Les filles, on les appelait les soutes pour plusieurs raisons : on peut y mettre son bagage, on peut se cacher dans leurs bras, on peut, quand elles sont intelligentes, en découvrir les

79

profondeurs. On les appelait aussi des boîtes, parce qu'on les fréquente la nuit, ou même des boîtes à musique, des boîtes à biscuits. Ce terme de boîte ou de soute nous permettait de parler d'elles sans qu'elles s'en doutent. Exemple : « Je n'ai pas envie de rester à la boîte toute la journée... Il faudrait se débarrasser de cette boîte... Laisse-moi la boîte, s'il te plaît... »

*

– *Comment présentez-vous la fille qui est avec vous ?*
– Je préfère sortir avec des filles déjà connues du grand public. Pour éviter les présentations, justement.

*

J'ai toujours beaucoup aimé les hôtesses de l'air. Je me souviens d'une année, à Hong Kong, j'ai passé cinq jours au Hilton en compagnie d'hôtesses, avec rotation des équipages. Je me suis bien comporté. Voyage en chambre, elles connaissaient la chanson.

*

Tromper sa femme, pour moi, ça veut dire autre chose. Ça veut dire coucher avec sa femme, parce que, finalement, le sexe de l'homme, c'est une sorte de trompe – et même de trompette, puisqu'on joue souvent avec...

*

– *Vous avez une réputation de play-boy, et pourtant on ne vous connaît qu'une seule liaison officielle...*
– C'est vrai que je n'ai qu'une liaison officielle. Raison pour laquelle je ne parle pas des autres. En vérité, je l'avoue, je suis un tombeur, mais je compte sur la discrétion de vos lecteurs. Ils sont maintenant les seuls à le savoir. Avec ceux de *France-Dimanche*, d'*Ici-Paris* et de *Détective*.

*

– *Vous êtes avec Françoise depuis un moment...*
– Oui. Côte à côte. C'est le cas de le dire.

*

— *Françoise et vous... Trente ans de vie commune.*

— Non, trente ans de vie peu commune.

*

Vivre trente ans avec la même personne, c'est remarquable. Je suis une sorte d'abbé Pierre.

*

— *Une vie entière avec la même femme, c'est beau, non ?*

— Oui. C'est souvent que la femme est plus intelligente que d'autres. Ou moins.

*

Françoise est complètement givrée. Elle est beaucoup plus folle qu'on pourrait le croire, loin de l'image de la jeune fille à la guitare, avec en fond un ours en peluche sur le lit, comme on la présentait à ses débuts.

*

Avec Françoise, on se partage les tâches à la maison. J'apporte la poussière, elle nettoie !

*

La première rencontre avec Françoise, c'était rue d'Hauteville ou rue de Provence. Enfin, rue de Provence à des heures normales. Je m'étais arrangé pour qu'elle soit sur la chaussée et moi sur le trottoir. Parce qu'elle était un peu grande pour l'époque.

*

Françoise, c'était une très jolie fille. Maintenant aussi, d'ailleurs. Enfin, ça fait deux jours que je ne l'ai pas vue. À cet âge-là, ça bouge...

*

Avec Françoise, on a vécu une sorte d'histoire d'amour à l'envers. J'étais jamais là au début, je suis davantage là à la fin.

*

Françoise et moi, on s'est mariés un 1er avril. Parce que, une semaine avant, on avait fait la couv' de *Paris Match* sur le concubinage. Ils n'ont pas vraiment apprécié, d'ailleurs. Mais dans la mesure où la grande mode devenait de ne pas se marier, il n'y avait aucune raison de ne pas être marginal.

*

Pour un acteur, l'important, ce n'est pas d'être marié ou non. L'important, c'est de ne pas avoir l'air marié.

*

Françoise est sûrement bien plus capable que moi d'éduquer un enfant. D'ailleurs, je lui avais écrit, il y a très longtemps : « Je ne sais pas si je pourrais avoir des enfants, je m'occuperais beaucoup plus facilement de chats. » Résultat, Thomas est beaucoup plus intelligent que les chats, tout à fait à même de se débrouiller par lui-même. Cela dit, il a des oreilles normales, moins belles que celles, pointues, des chats.

*

Un enfant, c'est comme si tu avais une espèce d'organe en plus qui se balade... Ça t'appartient mais c'est plus vraiment à toi.

*

Avant d'être un bon père, j'en ai une bonne paire !

*

En amour, il faut garder ses distances pour éviter l'accrochage.

*

La fidélité ? Il ne faut pas oublier que le mariage a été institué à une époque où l'espérance de vie ne dépassait pas trente ans.

*

Le sexe ? J'y connais rien : je suis un homme marié.

*

– *Qu'est-ce qu'il faut faire pour vous garder à la maison ?*

– Me casser les deux jambes.

*

– *Vous êtes un don Juan ?*

– Non. Pas d'encoches à la braguette. Mais toujours une balle dans le canon quand même...

*

Je préfère les jeunes filles. Leurs histoires sont plus courtes.

*

– *Avec qui aimeriez-vous passer la nuit ?*

– C'est bizarre, ça se passe toujours la nuit, ces choses-là. Et les veilleurs de nuit, alors, ils baisent pas ?

*

Le plaisir solitaire, à force, c'est pas très bon pour le mental. On se dépeuple.

*

– *Si vous aviez une annonce à passer dans un journal de rencontres amoureuses ?*
– Homme seul désirant rester seul.

Opium

Il vaut mieux être ivre mort qu'Yves Robert.

*

Les cafés, je suis très fidèle. Quand je fais
l'ouverture, je fais aussi la fermeture.

*

L'alcool, il y a deux versions. Soit c'est un
ennemi qui te veut du bien mais qui te fait du
mal, soit c'est un ami qui te veut du mal mais
qui te fait du bien.

*

Boire ou conduire, c'est un slogan génial. Mon père, qui n'a pas de voiture, s'est mis à boire depuis.

*

– *La chose la plus inutile dont vous vous souveniez ?*
– Roulez bien à droite.

*

Partout où je vais, on me dit de boire avec modération. Pas de problème. Présentez-le moi, ce « modération » qui boit des coups avec tout le monde.

*

J'adore la pluie. En particulier, les journées alcoolisées. Quand t'as trop arrosé l'intérieur, ça fait du bien d'arroser un peu l'extérieur !

*

– Le stinger par exemple, ça se fait comment ?
– Le stinger ? Il faut de la menthe fraîche, du cognac et du Get blanc, et ça te glisse parfaitement bien ! Mais en principe, c'est un ! Vingt, ça devient autre chose !

*

Un Spaggiari, c'est un Casanis...

*

Le langage des dégustateurs de vin me laisse indifférent. J'ai dit une fois à un connaisseur : « Ce vin a de la mémoire. » Il m'a félicité. De la même façon, j'aurais pu dire : « Il est bien garé. »

*

Le vin, j'aime bien en boire mais je ne peux plus en parler. C'est fini, ce temps-là. Ordre des médecins.

*

– *L'alcool rend-il invivable ?*
– Non, on est un peu agressif parfois, mais il suffit de ne pas rentrer aux mêmes heures que les autres.

*

Je ne buvais pas à la maison. Ça ne m'empêchait pas de rentrer à l'heure. Il suffit de partir tôt le matin.

*

Le pastis 51, c'est fête quand on peut en boire 80. La quarantième bière est fatigante, mais l'intérêt est nul.

*

Beaucoup de gens boivent, très peu savent être bourrés.

*

Le mot « importuner » ? Son sens dépend beaucoup du nombre de litres qu'on a bus.

*

– *Une rumeur dure à avaler : il paraît que vous vous êtes arrêté de boire ?*
– Oui, deux mois et demi.
– *Ce fut dur ?*
– D'arrêter, non. De continuer à arrêter, oui.

*

– *C'est dur, d'arrêter de boire ?*
– Non. Ce qui est dur, c'est de ne vivre que de bouffe et d'eau.

*

Un jour, on te dit que reprendre un verre d'alcool, ce serait comme aller se baigner sans savoir nager. Quand on sait qu'on va se noyer, on réfléchit.

*

J'en étais à une bouteille de poire Williams par jour. Le médecin m'a conseillé d'arrêter quand il a vu les résultats d'une prise de poire...

*

Lorsque tu arrêtes de boire, tu vas d'abord chez les dingues. Avec d'autres qui démontent leur voiture toute la journée et qui la remontent (c'est un truc différent de ce que j'ai), et là, l'alcool est remplacé par des calmants. Ce n'est plus en bouteilles, c'est en pastilles ou en gélules. Alors, autant boire une bouteille de scotch.

*

J'ai arrêté l'alcool comme a fait James Dean : au moment où il fallait.

*

– *L'alcool, c'est du passé ?*
– Oui, mais j'ai de la mémoire !

*

J'ai arrêté de boire pendant six ans. À la grande déception des médecins.

*

Je ne sais plus pourquoi j'ai arrêté de boire. Je devais être bourré ce jour-là !

*

– *Vous aimez toujours autant conduire ?*
– Ça s'est calmé parce que j'ai lu sur un tas d'affiches... boire ou conduire... On ne me laissait pas le choix.

*

Les voitures de sport, les motos, c'est fini. J'ai remplacé tout ça par la maturité, monsieur !

*

Un truc pour les mecs qui ont des Ferrari décapotables et qui aiment déraper : il faut suivre les camions de la voirie, ça glisse mieux. Je l'ai fait longtemps. Habillé en curé.

*

Les mecs qui roulent moins vite que toi, ce sont des cons ; ceux qui roulent plus vite, des cinglés. Bizarre, non ?

*

– *Votre passion pour les voitures de course, elle en est où ?*
– Au point mort.

*

Mes premiers essais dans le tabac, c'était à sept ans. J'ai vomi dans la caisse à jouets de mon frère.

*

– *Vous vous souvenez de votre premier cigare ?*
– Par la bouche ? Vers neuf ans.

*

Mon père fume depuis plus de soixante-dix ans et il a commencé tard. Quand on allait se baigner, il faisait la planche pour pouvoir fumer. Ma mère l'appelait le remorqueur.

*

Les mecs qui disent : « Je fume deux paquets par jour », il ne faut pas qu'ils s'étonnent d'être mal. C'est les cigarettes qu'il faut fumer, les mecs !

*

Le cigare... T'as les détracteurs qui te disent : « Oui, ce connard, il tète toujours les seins de sa mère ! » Mais je veux dire, si tous les nibards des gonzesses avaient le goût du havane, j'arrête le cigare et je redeviens bébé.

*

– *Vos cigares sont chers ?*
– Moins chers qu'une Lamborghini, commissaire.

*

Le cancer guérit du cigare.

*

Je bois pour calmer mes nerfs. Hier soir, je les ai tellement calmés que je ne pouvais plus bouger.

*

En vingt-sept ans, j'ai bu pour trois siècles.

*

Mon médecin me répète sans arrêt que je fume trop. La médecine s'est beaucoup simplifiée ces derniers temps, tout le monde peut devenir médecin maintenant. Répétez après moi : « Vous devriez vous arrêter de fumer. Vous devriez vous arrêter de boire. Vous devriez éviter de manger gras. »

L'idole

– *Vous savez le solfège ?*

– Oui.

– *Il ne faut pas rougir pour une question comme celle-là.*

– Si, parce que j'ai ma braguette qui s'ouvre.

– *Pourquoi ?*

– Je ne sais pas, c'est le mot « solfège ».

*

– *C'est difficile de choisir entre musique et cinéma ?*

– Mais vous savez, il y a de la musique au cinéma. Et à l'inverse, en musique, il y en a beaucoup qui font du cinéma. Ils en rajoutent énormément autour de ce qui n'est, après tout, qu'une chansonnette. Est-ce bien raisonnable ?

*

– *Chanson ou cinéma ?*

– La chanson, quand même. On peut jouer dans la vie tous les jours. Alors que chanter, à part sous la douche...

*

Souvent, plus on te demande de chanter, moins on t'écoute. C'est un peu comme à la fin des mariages. Les gens sont là : « Une chanson ! Une chanson ! » Tu commences et eux se mettent à parler d'autre chose entre eux, « Les rillettes étaient pas bonnes »...

*

– *Si on vous disait qu'on allait vous mettre dans une fusée et vous envoyer sur Mars, que vous seriez le premier homme sur Mars, avec tous les risques que cela comporte, est-ce que vous accepteriez ?*

– Bien sûr... j'accepterais. J'ai bien accepté de chanter.

*

– *Vous avez dit, il y a longtemps : « J'ai décidé de faire escroc, donc chanteur. » Vous ne le retirerez pas ?*

– Non.

– *Vous n'avez rien à ajouter ?*

– Si. D'autres devraient l'avouer.

*

– *Comment avez-vous décidé de devenir musicien ?*

– À cause d'un genou. Au début, la musique, c'était plutôt l'histoire de mon entourage : mon père, son violon d'Ingres, c'était le piano. Mon frère, c'était la guitare – sans oublier mes oncles et tantes ! Tout ça en plus d'écouter des disques toute la journée, musique classique, etc. Moi je préférais les Arts déco, je faisais du dessin. Et puis « un beau jour », problème à un genou, je suis resté couché six mois. Ça m'a laissé le temps de découvrir la guitare.

*

Mon père a été ravi que je me dirige vers la musique. Il a dit un jour à Serge [Gainsbourg] : « Jacques a fait ce que je voulais faire. » Parce que lui, il était ingénieur des Mines et il jouait du piano le week-end dans des bars du style Le Balajo à la Bastille, avec un faux nez pour ne pas se faire reconnaître des secrétaires. Et moi, ma plus grande ambition au départ, c'était de ne rien faire. Alors qu'en fait c'est ce qu'il y a de plus dur, comme école.

*

Le plus difficile dans la chanson ? Arriver à se faire payer.

*

Le succès, aujourd'hui, c'est plus proche du hold-up que de la fiche de paie.

*

J'ai eu mon nom au néon... Et je n'avais rien demandé !... Mais c'est très facile d'expliquer à quel point cela peut laisser indifférent. Le voyageur de commerce est obligé d'avoir une voiture, un costume. Le chanteur, lui, est obligé d'avoir une affiche avec son nom dessus. Et plus elle est belle, plus ça a de chances de faire venir du monde ! Et plus son éventail de marchandises est connu, plus il est important, plus il attire de monde...

*

Retrouver ma tronche en briquet, tee-shirt, caleçon, éventail, matelas, tout un tas de conneries... Ça fait un peu Lourdes. Ça sent la grotte.

*

Ce qui m'épate dans la chanson, c'est le rythme infernal auquel s'astreignent les autres : un disque tous les deux ans avec une tournée au milieu. Être aussi productif, c'est quand même douteux. À moins qu'ils ne soient pas satisfaits d'eux-mêmes, ce qui m'étonnerait beaucoup... Ils essaient peut-être de se rattraper... Un repêchage à chaque fois...

*

Des tas d'artistes parlent très bien d'eux-mêmes, selon les règles établies par la profession. Il y a même des gens qui ne font que ça. J'ai aussi connu des journalistes qui voulaient me rencontrer et qui, une fois dans ma loge, ne me parlaient plus que d'eux-mêmes. « J'intéresse sûrement Jacques Dutronc ! »

*

– *Qui fréquentez-vous dans le métier ?*
– Daho. Enfin, c'est surtout ma femme qui le voit.
– *C'est tout ?*
– Johnny aussi. Mais on ne se voit jamais.

*

– *Claude François ?*
– Je l'ai connu maquillé, mais je ne l'ai pas reconnu démaquillé. Un jour, il a débarqué en Corse, je me suis demandé qui était ce monsieur, c'était lui.

*

– *Sheila ?*
– Elle est venue dîner une fois à la maison. Elle adore le saucisson.

*

– *Antoine ?*
– Il a bien fait de faire de la voile.

*

Johnny était fait pour ça, point. Déguisé en Davy Crockett, Mad Max, tout ce que vous voulez, mais sous le costard, c'est lui. Et cinquante ans après, il est toujours là. Quand j'entends aujourd'hui des gens du métier le critiquer, alors que, s'ils sont là, c'est grâce à lui... C'est le contraire, ils devraient lui verser des royalties.

*

J'ai entendu comparer Renaud à Brassens. Ce sont les mêmes gens qui viennent en Corse et qui disent : « Ah, mais ça ressemble à l'Auvergne ! »

*

– *Votre avis sur la jeune génération ?*

– Mouais... Quelques-uns promettent ce que j'ai tenu.

*

– *Aujourd'hui, la musique est souvent une affaire de marketing. Le chanteur Jean-Louis Murat, par exemple, dit que si un jeune homme souhaite mener une vie intéressante, il ne doit pas faire de musique...*

– Pas la sienne, en tout cas.

*

– *Quels musiciens ou artistes vous ont influencé ?*

– Mon préféré – toujours –, c'est Maurice Ravel et tous les grands classiques connus. Django Reinhardt pour la guitare bien sûr, Barney Kessel, Chet Atkins... Mais pour ce qui est de l'influence, elle est partout – pas spécialement musicale à la base, d'ailleurs. Le son d'un toasteur peut déclencher un petit je-ne-sais-quoi.

*

Mouloudji, c'est un grand monsieur. Un rendez-vous obligatoire. C'est la TSF, *Nous sommes tous des assassins* de Cayatte. Sa voix avait quelque chose de perdu et de triste. J'ai repris dans ce disque *Un jour, tu verras*, et ça m'a fait drôle après, par rapport aux non-voyants...

*

La troisième symphonie de Górecki m'a accompagné pendant au moins dix bonnes années, surtout à l'époque où je préparais *Brèves Rencontres* avec Linda Lê. Quelle formidable leçon de musique ! Pas très gaie, pas suicidaire non plus, enfin pas idéale pour faire la fête... Je me la passe beaucoup en Corse, car ça colle avec le paysage, la toile est bien peinte derrière. Mais je ne l'écouterais pas là, tout de suite, vu la hauteur du balcon.

*

– *Dans la musique actuelle, vous écoutez quoi ?*
– Rien. Mais Françoise écoute ses disques assez fort. La musique transperce les murs puis mes tympans.

*

Françoise peut mettre du temps à apprécier un artiste, mais après, par principe, elle est capable de se le passer en boucle pendant quatre ou cinq jours d'affilée. Plus elle l'aime, plus je le déteste.

*

J'ai commencé par jouer de la batterie avec des brosses à cheveux sur des chaises en contreplaqué imitation paille. Deuxième instrument, les varinettes, sureau troué des deux côtés et au milieu, du papier à chiottes noué avec des élastiques. Puis, plus sérieux, je suis passé au sifflet.

*

– *Vous pensiez chanter quand vous étiez jeune ?*
– Pas du tout. Même pas maintenant, d'ailleurs. Je chante, c'est tout. Je ne pense même pas chanter.

*

D'où ça venait, le rock ? De la country américaine, selon certains, de l'Afrique selon
d'autres. Peut-être tout simplement d'un
mariage trop arrosé...

*

Avant de découvrir le rock, j'écoutais *Le
Blues du dentiste* de Salvador – qui était l'idole
de ma mère –, Annie Cordy, Paul Anka et surtout Fats Domino, Ray Charles. Et puis Elvis
Presley est arrivé et a balayé tout ça. C'est
devenu une sorte de maître. Et dire que je le
prenais pour un voyou.

*

Quand Presley a débarqué, on s'est tous
pris une claque. C'était sacrément excitant de
découvrir le son de ses disques, les guitares, les
batteries... Moi, à l'époque, j'écoutais aussi
André Claveau. En somme, j'étais un garçon
très partagé.

*

Les premiers disques, on les vole dans des surboums. Enfin, ils ont déjà été piqués plusieurs fois. Ce n'est plus du vol, c'est un emprunt.

*

Ma formation musicale ? Je suis un commis sous-off qui devint officier.

*

– Il y avait aussi les chanteurs dans les cours à qui on envoyait des pièces.
– *Avec votre bon cœur, vous en lanciez ?*
– Oui, pour qu'ils les reçoivent sur la tête.

*

J'ai commencé par jouer de la contrebasse, puis de la batterie, et comme j'étais mauvais partout, j'ai décidé d'être mauvais avec l'instrument le plus facile, c'est-à-dire la guitare, qui est un instrument difficile.

*

Ma première guitare électrique était une Egmond, elle possédait une prise de courant qu'il fallait brancher sur l'entrée pick-up des vieux postes radio à lampes... J'ai collé des boutons sur ma guitare pour faire chier je ne sais plus qui. Vous savez, les mecs étaient comme ça, comme devant une caisse américaine : « Oh là là, dis donc, ça consomme, hein ? »

*

Au début, c'est vrai que j'étais assez demandé comme guitariste. Je jouais avec deux doigts, c'était déjà un miracle. Il faut dire qu'ils faisaient qu'une note, je vois pas ce qu'ils auraient foutu de quatre doigts en plus.

*

Gene Vincent faisait une fixation sur moi. Il était persuadé que je lui avais volé son peigne. Et il en avait besoin, de son fichu peigne. Mais moi, je ne lui ai pas volé son peigne, je le jure.

*

On ne trouvait que des tocards pour enre-
gistrer *Et moi, et moi, et moi.* Alors, finalement, on m'a dit à moi : « Vas-y, toi, fais-le, tu
as des fringues de comptable, ça colle parfaitement à la chanson. » Alors, je l'ai chantée,
complètement décontracté. J'ai fait ça comme
si on m'avait demandé d'aller poncer une table.

*

Comment je passais mes journées chez
Vogue ? Eh bien, je me levais vers onze heures
– dix heures quand j'étais en forme –, je prenais
ma douche puis j'allais au bureau. Je pointais
ma carte dans la machine, puis je téléphonais à
Londres, à New York, à Tananarive, à Papeete,
à Marne-la-Coquette pour des contrats impor-
tants. Ensuite, je prenais ma Rolls pour aller
acheter un sandwich et je revenais. Je repointais,
je retéléphonais, je signais des feuilles de droits
d'auteur, je faisais des courbes et des graphiques pour savoir si les disques de Jules
Stroumzigloff se vendaient bien, ensuite je
mangeais un chocolat fourré et j'attendais six
heures. À six heures, je repointais et je me tirais.

Le samedi, je ne venais que le matin, mais je prenais deux chocolats avant de partir.

*

L'idée de génie, pour tout un tas de gens, c'était d'avoir trouvé Jacques Dutronc comme nom de scène. Ils trouvaient ça très fort. Après Johnny Hallyday, Eddy Mitchell, Johnny Logan, Dick Rivers, c'était génial de sortir un nom canadien !

*

Un jour, un type m'a dit :
– Vous avez une longue carrière devant vous !
J'ai enlevé mes lunettes et j'ai répondu :
– Où ça ?

*

Wolfsohn, je lui dois tout, la fortune, la gloire, la sienne...

*

Quand j'ai commencé chez Vogue, ils accéléraient les voix des enregistrements. Soi-disant pour ajouter de l'aigu et de la brillance. Ça donnait « Mickey et Donald vont à la chorale » !

*

À mes débuts, je passais du temps en studio. J'y vivais presque, c'était Butagaz et spaghetti. L'endroit était intéressant, d'ailleurs. Toutes les heures, il fallait s'arrêter de chanter parce que la laine de verre tombait du plafond. D'un seul coup, tu prenais la voix de Joe Cocker ou de Rod Stewart... C'était aussi l'un des rares studios où les gens venaient frapper à la porte en disant : « Vous faites trop de bruit ! » Quand on n'était pas contents du son, on apportait des carabines et on tirait partout, dans les lampes, sur les magnétos... On rasait tout. La maison de disques gueulait un peu...

*

On jouait dans des petites salles hyperchauffées pour faire consommer de la limonade à la clientèle, et, le lendemain, on se produisait sous des chapiteaux éventés. J'ai aussi fait les casinos. Rigolo. Le public n'y est vraiment pas jeune. Si tu réussis à le faire taper des mains, tu vois le directeur venir te féliciter...

*

À une époque, j'amenais mon guépard dans les studios. Il haïssait les batteurs. Ça m'a permis de me débarrasser de quelques-uns.

*

Avec les musiciens, on s'entend mieux quand on ne joue pas.

*

Au début, lors des premières tournées – le mot est choisi –, je ne me posais pas de questions. Ça coulait simplement. Ça coulait dans mon verre pour commencer.

*

Wolfsohn restait dans son bureau et nous ennuyait : Colmar – Saint-Étienne – Saint-Brieuc – Cannes... tout ça en charrette à lumières. Pour se faire payer, c'était le sommet :

impossible. À chaque fois, les mecs se tiraient avec la caisse. On a dû prendre en otage la télé d'un mec, sa femme, pour être payés.

*

Quand on chantait, c'étaient des bagarres, « Pédés ! », enfin, la routine. Les groupies avaient l'amour aveugle, il y en avait trop. Les musiciens sont toujours dans le coup, le batteur est le plus défavorisé, parce que le temps qu'il démonte, tous les autres se sont jetés sur les sujets... Elles sont quand même minables, pour tomber dans les bras du moindre chanteur. Elles avaient évolué, malgré tout, puisque, avant, elles étaient toutes folles de Luis Mariano.

*

– *Comment pourriez-vous définir votre style musical ?*
– Johnny Depp dit toujours de moi que je suis un des premiers punks. Cela me suffit, venant de lui.

*

Je préfère la scène au studio parce que c'est du direct. Il y a un dialogue, quelque chose doit passer avec le public. En studio, le « public » est très restreint et ne fait que critiquer, « enculer les mouches » comme on dit. Enculer d'accord, mais faut pas oublier un truc, les gars : le plus dur, c'est de les attraper.

*

L'envie de chanter ? Ça vient comme ça, comme une envie de... Le tout, c'est de savoir se retenir et choisir le bon endroit... pour le gala.

*

– *Que préférez-vous dans la scène ?*
– Les loges.

*

Quand j'étais dans le groupe El Toro et les Cyclones, on me reprochait de faire trop de bruit sur scène. Maintenant, c'est le contraire : les gens se plaignent de ne plus assez m'entendre.

*

Avant de monter sur scène, nous avions été invités à dîner, mes musiciens et moi, chez un des organisateurs du gala qui avait transformé, pour l'occasion, une partie de sa maison en restaurant. Comme nous étions tous en super-forme – et les boissons aidant –, nous n'avons pas tardé à transformer ce qui aurait dû être un lunch bien comme il faut en une gigantesque partie de fou rire. Au bout d'un moment, nous mimions carrément les scènes de tartes à la crème des vieux classiques du cinéma comique, et pas mal de plats volaient à travers la pièce. Je dois bien préciser, cependant, que nous n'avons rien cassé. Mais quand les cerbères, pardon, les serveuses sont arrivées, elles ont fait un vrai scandale, nous ont trai-tés de petits voyous, de malappris, d'artistes à la manque... Bref, pour rétablir (en partie) la situation et étouffer l'affaire qui menaçait de prendre des proportions démesurées, nous avons dû réparer nos dégâts en quatrième vitesse avant de monter sur scène. Rangement de la table, balayage de la pièce, nettoyage du sol à la serpillière et lavage de la vaisselle. Rien ne nous fut épargné. Comme nous nous bous-culions pour aller plus vite afin d'être à l'heure au gala, nous refaisions des saletés à mesure que nous nettoyions. Quand tout a été remis en ordre, j'étais mort de fatigue. Je considérais avoir largement payé la faute commise. Mais, au lieu d'un sourire complice, quand nous sommes partis, j'ai eu droit à cette réflexion d'une serveuse : « Vous avez cassé un verre en faisant la vaisselle, vous n'êtes vraiment bons à rien ! » L'ingratitude, hein !

*

Deux accessoires indispensables sur scène : le thermomètre pour prendre la température dans la salle et le rouleau de papier cul si jamais quelqu'un crie : « Aux chiottes ! »

*

À l'époque, dès qu'un mec se mettait à chanter, les deux phrases d'accueil habituelles, c'était : « Aux chiottes ! » et « À poil ! » Pour la première, j'avais apporté des toilettes sur scène et quand on me la balançait, j'y allais et je m'asseyais en disant : « J'y suis, qu'est-ce qu'on fait maintenant ? » Quand c'était « À poil ! », j'amenais une amie danseuse qui venait se déshabiller. Bon, je dis pas qu'elle allait jusqu'à montrer sa moquette... encore que... je devais y arriver de temps en temps.

*

J'ai toujours préféré porter mes petits costumes de dessinateur industriel plutôt que de ressembler à ces types qui chantaient « Paix au Vietnam ! » en treillis militaire. Pour moi, c'était plutôt « Pets au Vietnam ! ».

*

Comme Bayard : campeur et sans reproche !

*

Plaisanterie facile : passez-moi le sel. Merci. Et voilà : le saleur de la paire.

*

Il gagne à être nu.

*

C'est en boxant qu'on devient boxon.

*

J'ai toujours des confettis avec moi sur scène. Et des confettis faits à la main, monsieur ! Je les fais moi-même. C'est mon côté artisan du succès.

*

Sur scène, je ne me fous pas de la gueule du monde. J'en mets certains en boîte. De toute façon, il y a deux mille personnes dans la salle, chaque personne pense que je m'adresse au voisin. À chaque gala, les mecs viennent tous, un par un, me dire : « Ah, ça a bien marché ! Mais ici, les gens sont cons, ils ne comprennent rien. C'est la campagne. »

*

Quand j'ai fait le Casino de Paris, l'attachée de presse voulait absolument que je fasse un tas d'interviews pour la promo. Mais je lui ai dit que j'avais autre chose à faire – entre autres répéter un peu, quand même – et que ce que j'avais à dire, je voulais le dire sur scène, sinon à quoi bon ? Et puis une idée m'a traversé l'esprit, je lui ai proposé un compromis : que les journalistes viennent sur scène. Moi ça me permettait de me poser cinq minutes, et eux, ils avaient leurs lecteurs ou auditeurs en face. S'ils n'étaient pas du même avis sur le spectacle, au moins on le savait tout de suite. Et on l'a fait, y en a eu un nouveau chaque soir.

*

Les Indiens ont tellement l'habitude des musiques étranges (pour nos oreilles) que les accords de nos guitares les dépaysent. Je suis en quelque sorte devenu le Ravi Shankar de Ceylan.

*

J'étais habillé très classique sur scène. Il était plus facile de changer de cravate que de dénouer des poignets de force ou des bottines à lacet. En vérité, ce que j'aimais dans le classicisme, c'est que ça faisait endimanché. Je ne prenais mes blousons à franges, mes plumes et mes grelots que pour aller à la messe. Parce que mon grand plaisir dans la vie, c'est de faire jaser les bedeaux.

*

Ce qui me plaisait le plus dans les tournées ? Aller chanter *Le Beau Danube bleu* à Bora Bora.

*

Il m'arrivait de passer *La Marseillaise* à la fin de mes tours de chant. J'étais sûr qu'à cause d'elle, au moins, le public se lèverait et m'ovationnerait.

*

Pompidou, je lui ai fait plusieurs spectacles à domicile. Il était Premier ministre. Je me retrouvais là-dedans, ils étaient tous installés, et moi à poil dans le hall, déjà ! Ah ! Ah ! Une fois rhabillé, j'ai commencé à chanter « À travail égal, salaire égal ». La catastrophe. Lui seul se marrait. Brigitte Bardot est allée voir Françoise en lui disant : « Dis-lui qu'il arrête, c'est un scandale. » Et moi, je chantais n'importe quoi. Puisque Pompidou connaissait mes chansons, j'allais pas refaire le disque note pour note.

*

J'ai arrêté la scène en 1973. Par bonheur, mon fils est né la même année. Le prétexte était tout trouvé : « Oui, mon fils est né, je ne veux plus partir sur les routes, je veux être présent. » Ça fait toujours bien, ça.

*

– *Vous avez dit en 1973 : « Quand tu te trouves moins original qu'au début, faut arrêter. »*
– Oui. D'ailleurs, j'ai arrêté en 1973.

*

Quand McCartney a fait Bercy, il prenait son jet tous les soirs pour retourner à Londres. Les gens disaient : « C'est bien, il veut prendre son petit déjeuner avec ses enfants. » Je crois surtout que les hôtels sont tellement pourris ici...

*

– *Vous êtes allé voir Johnny au Stade de France ?*

– Non. Remarquez, si j'avais ouvert les fenêtres de chez moi, j'aurais pu l'entendre parce que, à la télé, la sono avait l'air bonne. Lui était parfait.

*

– *Si on vous proposait, comme à lui, de chanter devant 80 000 personnes, vous le feriez ?*

– Mais je l'ai déjà fait. Sauf que c'étaient des Belges. C'était à Namur, sous une pluie torrentielle, on entendait des briquets lutter... c'est vrai en plus. À la fin du spectacle, le bourgmestre est venu me voir et m'a dit : « Vous avez battu le pape ! » Je ne voyais pas ce qu'il voulait dire, en fait le pape était venu et il avait fait 30 000 personnes. Et moi, 80 000. Mais bon, en même temps, je suis tellement myope que chanter devant 30 000 ou 80 000, ça change pas grand-chose...

*

Quand j'ai dit que je voulais refaire un album, ça a été du harcèlement textuel. Je ne pouvais plus aller aux chiottes, le papier hygiénique, c'était du fax avec des paroles, la moindre lettre, tout.

*

– *Vous orientez profondément les paroliers sur l'écriture de vos albums ?*
– Profondément, pas tous. Certains seulement.

*

– *Comment écrivez-vous une chanson ?*
– Je pense à des musiques sans avoir de textes, mais souvent, avec une seule phrase, ça prend tournure. Jacques [Lanzmann] me passe un texte : il faut adapter et savoir s'adapter. Au début, nous nous glissions des notes sous une porte, ensuite c'était des échanges par fax ou

par coursier. Il nous arrive de travailler dans le même endroit, en Corse par exemple, mais on n'en parle pas, enfin on parle d'autre chose... Le premier jet, comme en analyses médicales, ne se conserve pas.

*

Quand j'ai connu Jacques Lanzmann, il était rédacteur en chef du magazine *Lui*. J'espérais bien qu'il nous présente deux ou trois de ses modèles, histoire de faire connaissance. Même pas.

*

J'aime bien travailler avec Jacques. Par exemple, je lui demande de m'écrire une chanson sur un thème donné, c'est une vraie machine, ça sort tout de suite. Bon, de temps en temps, je lui demande quand même de supprimer un mot ou deux, que lui trouve très drôles mais qui au final ne feraient rire que nous.

*

– *Vous offrez à Lanzmann un bel écho auprès du public.*

– Oui. Et puis c'est pas tout ce que je lui rapporte... Il a une très jolie maison en Normandie.

*

Je modifie souvent les textes de Jacques parce qu'il n'a pas toujours eu le génie de mettre les pieds où il fallait. Enfin, quand je dis les pieds, je parle des vers.

*

– *Êtes-vous plus drôle, plus cynique que l'autre Jacques ?*

– Comment évaluer la drôlerie, le cynisme de l'autre ? À cause des médias et des tournées, je pense avoir l'avantage. Même longueur d'ondes, mais pas le même poste.

*

J'ai écrit certaines mélodies dans l'ascenseur. Heureusement que le Concorde-Lafayette est très haut...

*

Gainsbourg ne voulait pas me rencontrer. Moi non plus. Parce qu'on était sûrs que ça allait marcher, nous deux.

*

J'ai tutoyé Gainsbourg la première fois que je l'ai vu. Françoise, elle, l'a vouvoyé toute sa vie et toute sa mort.

*

Gainsbourg, c'est le seul qui ait fait pousser les choses dans le rock. Une espèce d'engrais. J'ai pas dit de la merde !

*

Avec Gainsbourg, j'avais un problème de décalage. Il était plus rapidement bourré.

*

– *Gainsbourg a collaboré à votre album. Comment avez-vous travaillé ensemble ?*

– Avec une bouteille et une corbeille à papier. En vidant la première et en remplissant la seconde.

*

Serge devait jouer dans mon film, *Les Pointus*, le rôle d'un type obligé de se faire une prise de sang, mais comme il devait être à jeun, il n'y arrivait jamais.

*

Les petits matins, je les ai fréquentés avec Gainsbourg. Je lui avais filé le virus des commissariats. On allait y picoler, on se faisait enfermer dans les cellules, on demandait une suite. Après, Serge est devenu plus exigeant : il ne voulait plus du simple agent de ville, mais des officiers, capitaines, trois barrettes, avec sirène, gyrophare et tout ! L'idée, c'est que les commissariats sont les meilleurs bistrots. Gainsbourg a essayé les pompiers et s'est fait

jeter. Récemment, j'ai voulu voir si ça fonc-
tionnait toujours. Je passais par les Invalides
quand je vois une compagnie entière de CRS.

– Bonjour, y a pas de bières ?

– On attend le camion. Bouge pas. Allô,
crocodile 5, tu me reçois ?

Et un camion de bières est arrivé. Donc, ça
marche toujours.

*

Gainsbourg aimait les flics. J'ai pourtant
essayé de le convertir aux pompiers. Mais il
n'y a rien eu à faire. Peut-être parce que les
pompiers sont plus branchés eau qu'alcool. Et
puis, de toute façon, Serge aurait été dangereux
dans un incendie. Une petite flammèche et il
faisait repartir le foyer !

*

Ce que j'aimais bien chez Gainsbourg, c'est
que, quand il avait une écharde dans le doigt et
que toi, tu venais de tomber du troisième
étage, la colonne vertébrale en deux, il s'en

foutait totalement, il ne te parlait que de son écharde. C'est un côté que j'aimais bien chez lui. Ces gens-là sont trop rares.

*

La laideur chez Gainsbourg ? Impossible. Il l'a très bien dit : un bon vin se bonifie. Et lui, c'était pas un préfontaine, au départ ! Il ne pouvait que s'améliorer. Moi, j'étais à consommer assez rapidement. C'est pour ça que je suis obligé de faire des récoltes sans arrêt.

*

Si un type pète dans une soirée, c'est limite. Mais si c'est Gainsbourg qui pète, c'est pas vulgaire, ça veut dire qu'il a mal mangé. C'est comme tout : il y a une manière de le faire.

*

Gainsbourg s'est fait la malle. Son amitié, son odeur, ses pets, ses rots, son haleine quand il bâillait, tout me manque.

*

– *En 1991, Lanzmann vous lance un appel pour écrire à nouveau ensemble et rendre hommage à Gainsbourg. Vous n'avez pas répondu ?*

– Pour l'hommage à Gainsbourg, non. On va pas s'amuser à faire des soldes derrière lui. Il est encore dans ma mémoire et dans ma vie, mais de là à faire un hommage... Non, non, non. Il y aura bien un con pour faire une comédie musicale sur lui... Il faudrait prendre Arthur H pour le rôle, le mimétisme est assez bizarre.

*

En général, quand je refais un disque, c'est autant pour faire plaisir à ceux qui m'aiment que pour emmerder ceux qui me détestent.

*

Faire moins bien qu'avant, c'est la seule façon de voir si on a encore un impact.

*

Si sortir un disque est un événement, je me demande ce qu'on va trouver comme mot pour décrire le reste !

*

À chaque fois que je vais dans une maison de disques, on me dit : « Alors, vous allez bien nous refaire un petit *Il est cinq heures, Paris s'éveille*. À part changer l'heure et quelques monuments, je ne vois pas très bien ce que je peux faire...

*

Les histoires de studio quarante-huit pistes digital, leur technologie de pointe, je n'y crois pas. On n'a jamais que deux oreilles.

*

Composer un album, c'est jouer à se vider, éliminer un tas de notes qui t'empêtrent la tête, qui pourraient être des parasites, des morbacs.

Tu expulses quelques triples-croches. Mais attention, il faut se moucher avant, quand même !

*

Un disque, c'est sexuel. Tout sort du caleçon. Soit c'est propre, soit c'est sale.

*

J'ai envie de faire un disque cancérigène : ceux qui l'écouteront trop attraperont le cancer.

*

J'ai pris Modiano pour préfacer mon disque parce que Modiano, ça sonne japonais. Comme ça, j'étais sûr que Sony accepterait.

*

– *Votre album est sorti le 19 mai : était-ce un jour comme les autres pour vous ?*
– Oui. Mais j'espère que ça a été différent pour les acheteurs.

*

– *Un nouvel album... Nouveau, nouvel,*
vous n'aimez pas vraiment ce terme ?

– Nouvel, ça sonne bien, nouveau, ça a un
côté beaujolais...

*

Tout le monde me parle toujours de mon
dernier album. Si seulement c'était le dernier !
Enfin peinard !

*

Je fais le Casino de Paris, et pourtant je n'ai
jamais été joueur. Je préfère jouer sur la longueur. Avec mon foie par exemple. C'est plus
dur. René, un pastis !

*

Je préfère les petites salles aux chapiteaux.
Cinquante, cent personnes, c'est du caviar. Tu
peux demander le nom des gens au maître
d'hôtel, c'est plus marrant.

*

J'aimerais faire une tournée en room service. Je chanterais dans tous les grands hôtels,
chambre 227, à minuit.

*

J'ai résolu le problème des grandes salles, où
les gens se plaignent de voir le chanteur tout
petit. Comme le Casino est de taille modeste,
j'ai engagé un nain qui sera habillé comme
moi, pour agrandir la salle.

*

Il y aura des chiottes dans la salle du
Casino, à la place de fauteuils remplacés au
hasard. Je ne sais pas qui va tomber dessus.
Peut-être qu'ils voudront être remboursés.

*

J'ai engagé une vraie flûtiste aussi. Mais
elle ne sait pas encore qu'on va déguiser son
instrument...

*

Après le spectacle, mon père parle aux gens dans l'entrée : « C'était vraiment pas terrible hein ? » Alors, les gens semblent un peu surpris :

– Ah bon, pourquoi ?

– Bof, moi je trouve pas ça très bien, le spectacle de Jacques.

– Mais si, mais si...

Ça le fait marrer. C'est pour lui une manière d'entendre des compliments sur moi parce que les gens veulent absolument le rassurer...

*

Au Casino, il y avait un mec qui venait tous les soirs pour crier : « À poil ! » Un psychiatre, sûrement.

*

C'est grisant d'avoir une salle à ses pieds. Mais il faut quand même être conscient qu'ils le font avec n'importe qui.

*

Je suis prêt à monter sur scène, à passer la nuit avec le public si c'est à ma dimension. Quitte à faire téléphoner une alerte à la bombe si je m'embête trop.

*

Mon public se divise en deux, les fans et les fanés.

*

Si je refais une tournée, je prendrai un orchestre de médecins, chirurgiens, dentistes, cardiologues... Ça vaudra mieux.

*

Le rap, fait chier ! Je vais partir en Afrique jouer de la musette !

*

Récemment, alors que j'étais en Belgique pour affaires, à Bruxelles exactement, j'ai été accosté par un jeune homme style farfelu (à mi-chemin entre l'étudiant demeuré et le beatnik) qui m'a dit d'une voix timide : « Pardon, monsieur, je crois vous connaître. N'êtes-vous pas l'ancien guitariste des Cyclones ? » J'ai répondu à ce garçon par l'affirmative et il s'est mis d'un seul coup à devenir volubile. Il m'a dit qu'il était fou de rock depuis toujours, que sa passion était de réécouter les vieux disques des anciens groupes français. Il avait en outre de la mémoire : il se souvenait de m'avoir vu en Belgique jouer de la guitare dans la formation El Toro et les Cyclones et il se souvenait même de la marque des guitares et des amplis que nous avions à l'époque. « Attendez, me dit-il, je dois avoir un souvenir de votre nom. Non, ne dites rien, ça va revenir... Voilà, vous étiez le guitariste rythmique et vous vous appeliez Jacques Dutronc. C'est bien ça ? Je ne me trompe pas ? » J'opinai du chef. Il me demanda ensuite : « Et maintenant, vous faites quoi, dans la vie ? »

*

Mon rêve, c'est de jouer tout en haut de la tour Eiffel. Et au final, de m'asseoir dessus.

*

L'Eurovision, j'aime ! Les costards des mecs qui chantent sont invraisemblables. Les groupes hollandais, par exemple, c'est en général deux mecs et deux nanas, hypersains. On a l'impression qu'ils ont été élevés pour l'Eurovision, et que, à peine la cérémonie finie, on les égorge et on les bouffe.

*

– *Si vous arrêtiez la chanson, que feriez-vous ?*
– Marchand de légumes. J'ai des tomates millésimées : Palais des Sports 1962, Bobino 1964, Olympia 1970...

*Tous les goûts sont
dans ma nature*

– *Cinéma ou chanson ?*

– Veste sans pantalon ? Ou pantalon sans veste ? Mieux vaut garder le pantalon...

*

– *Alors pantalon-cinéma ou pantalon-chanson ?*

– Ah ça...

*

– *Désormais, vous semblez préférer le cinéma à la chanson ?*

– Je peux pas faire deux milliards de choses à la fois. Je veux dire, y en a qui baisent et qui fument en même temps, et d'autres qui fument après.

*

– *C'est curieux de vous voir préférer les paroles à la musique et le cinéma au farniente. Ça casse votre image.*

– Il ne faut pas s'installer, ni installer les gens dans le même truc. En France, on est les rois pour ça. Malheureusement aussi, chaque fois que je dois travailler sur un disque, hop, j'ai un film. Moi, j'étais en Corse avec mes chats, et il m'arrive le scénario que je tourne maintenant... Quant à la musique, c'est comme tout : quand quelqu'un bâille, c'est communicatif.

*

Le cinéma, c'est vraiment magique, ça ne se consomme pas n'importe comment. Il ne faut pas charrier avec le merveilleux.

*

On essaie de s'approprier les films même si, de toute façon, ils n'appartiennent à personne. C'est votre voisin de fauteuil qui vous le confisque.

*

– *Qu'est-ce que vous attendez du cinéma ?*
– Des sous.

*

– *Spielberg a dit que vous étiez le plus grand
acteur français...*
– Faut pas lui en vouloir... Moi aussi, ça
m'arrive de dire des conneries !

*

– *Spielberg voulait vous donner le rôle de
René Belloq dans* Indiana Jones et les aventu-
riers de l'arche perdue. *Pourquoi ça ne s'est pas
fait ?*
– On ne ralentit pas une machinerie pareille
pour quelqu'un qui ne sait pas aligner deux
mots d'anglais. Par contre, on parlait bien
whisky, tous les deux.

*

J'aimais beaucoup Victor Mature. On aurait
dit un représentant en huile. Même habillé, il
portait sa marchandise sur lui.

*

La caméra, cette espèce d'arme sans muni-
tions, cette grosse bête noire qui vous aspire,
elle vous avale puis vous recrache sur un écran.

*

Faire des cascades dans mes films ? Ça
risque pas. Déjà, j'y vois pas de l'œil gauche...
et dans la main droite j'ai un cigare.

*

À chaque film que j'ai fait, j'ai entendu dire :
« Ça a été écrit pour lui ! » Ce qui est un
compliment, à force !

*

Les rôles ne sont pas souvent écrits pour
moi. C'est souvent de la confection. On fait
des retouches aux manches parce que je n'ai
pas de grands bras – et surtout aux pantalons
parce que je n'ai pas de grandes jambes.

*

C'est intéressant d'être payé pour mentir, quand toute sa vie on a appris que c'était vilain.

*

Je ne suis pas vraiment un comédien, on ne peut pas faire ce qu'on veut de moi. Je ne suis pas un Marsupilami qu'on peut tordre dans tous les sens. À la limite, si je suis trempé, oui. Sinon, à sec, comme ça, ça fait mal.

*

Quand je lis partout que je vaux surtout par mon regard... Je suis myope comme une taupe !

*

L'expérience n'existe pas au cinéma. On est débutant à chaque fois.

*

– *Vous avez toujours l'impression d'être un figurant au cinéma ?*

– Dans la vie, on est tous des figurants. Au cinéma, on est payés, c'est la seule différence.

*

– *On a souvent parlé de votre absence de jeu.*

– Cela vaut mieux que d'avoir appris à jouer et à faire semblant de pas jouer.

*

Un comédien, ou un chanteur, qui a l'inconscience de travailler finit par attraper des tics. Remarquez, maintenant, on a des produits contre ça.

*

Voyez Robert De Niro. Pour *New York New York*, il avait un personnage de musicien, il a appris à jouer du saxo. Pour interpréter le rôle du boxeur Jack La Motta, il s'est fait grossir. Si on lui propose un rôle d'aveugle, il va se crever les yeux ?

*

Le truc au cinéma, c'est d'enlever le préser-
vatif au moment de la prise. Il y a des films où
je l'ai gardé tout le temps.

*

Il se trouve que j'ai deux films qui sortent
au cinéma en même temps. Et en plus, à côté
de poids lourds américains intéressants...
Nous, on est en petite voiture à côté. Mais on
consomme moins, c'est plus économique.
Parce que, eux, ce qu'ils déboursent, c'est
énorme.

*

J'ai fait beaucoup de films malades. Genre :
« Il est pas très bien, faut l'aider. » Alors, les
comédiens le portent. On leur sert de béquilles.

*

– *Votre sens de l'humour est légendaire et,
paradoxalement, vous n'avez presque joué que
des personnages dramatiques au cinéma.*
– Ben oui, mais vous savez, les comédies
françaises, à part Michel Blanc... Ah si, j'ai fait

Pédale dure, qui se voulait comique au départ mais au final... pour le coup, c'est ce qu'on appelle une comédie *dramatique*.

*

C'est le personnage qui doit entrer en vous et non l'inverse. C'est dommage : maigre comme j'étais, j'aurais pu entrer facilement dans la peau de Van Gogh.

*

Être acteur, même si on s'entend bien avec certains metteurs en scène, c'est comme la vraie conduite au volant d'une voiture : une main qui repousse, une main qui retient. Je ne sors pas de là.

*

Je voudrais réussir à jouer comme Bogart, qui avait toujours l'air de regarder l'heure à la pendule du studio.

*

Il y a des comédiens qui ne sont pas géné-
reux du tout, des espèces de murs. Ça m'est
arrivé de dire mon texte comme si j'étais en
face d'un mur et de lever la patte comme un
chien. Je n'allais pas jusqu'à pisser dessus, mais
j'aurais dû.

*

J'aime bien tourner avec des réalisateurs qui
sont aussi producteurs. Metteur en scène et
payeur. Parce que, en général, vu le prix d'une
journée de tournage, on perd beaucoup moins
de temps, ça va très vite.

*

– *Dutronc-Deneuve, Dutronc-Huppert, Dutronc-
Adjani... C'est souvent.*
– Trop. À force, ça me casse les couples !

*

Catherine Deneuve et moi, nous nous
sommes connus le 17 juillet 1962, à 18 h 09,
dans un embouteillage place de la Concorde...

Nous avons échangé nos numéros de téléphone ainsi qu'un paquet de Kleenex contre deux chewing-gums et trois plaisanteries au second degré.

*

J'adore cette scène dans le dancing avec la chanteuse nulle où je casse la chaise. « C'est à chier, vous êtes une merde ! » L'endroit est terrible, on sent que c'est sale. Et cette fille-là me poursuivait partout après pour m'expliquer qu'elle chantait très bien, que c'était juste pour le film. Ça devient dangereux de faire des films tristes.

*

C'est un bonheur de jouer avec des actrices qui viennent de se faire lifter. On gagne un temps fou sur les éclairages !

*

Lorsque je joue, les gens savent qu'ils peuvent respirer tranquillement pendant deux heures. Ma publicité, c'est que je ne suis pas un acteur cancérigène.

*

Le cinéma et la restauration ont des points communs. On ne branle rien pendant des jours, et soudain c'est le coup de feu !

*

Le cinéma, c'est comme la bouffe : avec de mauvais produits, tu ne peux pas faire de bons plats. Il faut toujours une bonne matière première.

*

Si je refais un film, j'irai encore plus dans la méchanceté, quitte à tuer des chiens s'il le faut.

*

Je ne m'habille qu'avec les costumes que l'on me donne sur les tournages. C'est pour ça que je ne fais jamais de film d'époque.

*

L'acteur doit se préserver de la performance et du metteur en scène.

*

Mes scènes préférées au cinéma ? Celles où j'ouvre la porte et où je quitte l'écran.

*

La réunion d'un acteur et d'un metteur en scène, c'est une espèce de cocktail qu'il faut boire mais sans se saouler.

*

– *Y a-t-il des réalisateurs qui...*
– Non. Je ne sais pas de quoi vous parlez mais je réponds non quand même.

*

– *Vous commencez le tournage d'un film de Godard,* Sauve qui peut (la vie). *C'est une belle aventure !*

– Pour lui ou pour moi ?

*

Nouvelle vague ou pas... L'important, c'est que la marée monte.

*

Godard. Je l'ai vu une fois à Paris. Il n'avait pas de scénario. Il m'a montré un truc assez court sur une cassette. Il m'a dit : « C'est le film. » Puis je suis allé le voir en Suisse. Il est venu me chercher à l'aéroport. Dans la voiture, c'était bien, parce qu'il ne parle pas et moi non plus. Le seul truc que j'aie trouvé à dire, c'était : « C'est vert », parce que sur la route, je trouvais que tout était vert. Il m'a dit : « C'est bien, vous avez compris le film. » Le soir même, il nous a fait faire une rédaction. Il y avait Nathalie Baye, Isabelle Huppert et moi. « Racontez le film que vous allez tourner. » Moi, comme

j'avais dit : « C'est vert », j'en ai été dispensé.
Bon sang, mais c'est Godard.

*

Avant de tourner, Godard m'a demandé
quels vêtements j'avais à me mettre sur le dos.
J'ai répondu : « Rien. » Et il a enchaîné : « C'est
bien, on va regarder ce rien. » Finalement, il
m'a passé sa veste. Mais avant de me la donner,
il a immédiatement fouillé ses poches pour
voir s'il restait des pièces au fond. S'il lit ça, il
va adorer. Il aime qu'on le déteste, qu'on dise
du mal de lui. C'est un grand monsieur.

*

C'était un film sur le désespoir... Ça me
permettait d'être de mauvaise humeur toute
la journée.

*

Mon personnage est celui d'un homme qui
hésite entre la ville et la campagne, entre sa
femme et sa maîtresse. Bref, la vie, quoi !

*

Ce film, c'est un quatuor dont le chef d'orchestre est un soliste, un hold-up sans cagoule où l'on est parfaitement reconnu, mais où personne n'y croit. Bref, il manque une lettre à l'alphabet pour classer ce film.

*

Travailler avec Godard, c'est être dirigé par un très grand chef d'orchestre, mais il faut être bon musicien, parce qu'il oublie de vous donner la partition.

*

Godard, c'est mieux qu'un psy : c'est lui qui paie.

*

Je voulais faire TOUS les films de Jean-Marie Périer ! Ne serait-ce que pour passer dedans, comme Hitchcock : un ascenseur s'arrête, la porte s'ouvre, je sors, je dis : « Bonjour ! » J'aurais toujours été là. De toute façon, quand il tourne un film, je passe sur le plateau. Pour déconner. Alors autant que je sois défrayé, qu'on me paie l'essence et que j'aie le rôle principal, s'il y en a un !

*

L'important c'est d'aimer est un film qui a une odeur. C'est rare aujourd'hui, les films qui ont une odeur...

*

– *La scène de votre suicide dans* L'important c'est d'aimer *a dû être éprouvante...*
– Ce qui est surtout éprouvant, c'est d'arriver sur un plateau et de s'entendre dire : « Tu prends de la mort-aux-rats ! », enfin, c'étaient des Alka-Seltzer, mais à huit heures du mat, c'est aussi dur que la mort-aux-rats... Je me souviens aussi que, quand je m'écroulais dans les toilettes, une accessoiriste me versait du Viandox sur la tête pour que ça fasse plus sale. Éprouvant, ça aussi.

*

Avec Lelouch, à condition de n'entretenir avec lui que des rapports d'amitié, tu ne peux pas avoir de mauvais souvenirs. Même si on a le texte cinq minutes avant... ou après, d'ailleurs.

*

Je m'entends bien avec Lelouch. C'est lui qui finance ses films, qui les cadre... Il est complètement libre et communique une part de cette liberté à ses acteurs. Il nous laisse inventer des choses. Mais c'est loin d'être réconfortant, parce qu'il filme ce qui est bon et ce qui n'est pas bon.

*

– *Avez-vous vu les affiches des* Tricheurs *dans le métro ?*
– On m'a supprimé le cigare du bec sous prétexte que cela aurait pu inciter les gens à fumer. Au prix où sont mes Churchill, ça m'étonnerait.

*

Wim Wenders m'a téléphoné un jour pour un film. Il m'a dit : « Je suis à Berlin, il pleut. » Je l'imaginais facilement : en noir et blanc, posant à côté du cadre, avec à la main une bouteille de Coca éventé.

*

Leos Carax m'avait proposé un truc sur *Les Amants du Pont-Neuf.* Mais ça tombait mal, en même temps que *Van Gogh.* Il m'avait envoyé une lettre du genre : « Vous jouez un couple avec Françoise, à un moment vous traversez furtivement le pont et on ne vous voit pas. » Tourner dans un film où l'on ne me voit pas, c'était parfait, j'aurais été épatant.

*

Quand un metteur en scène arrive à faire passer sur l'écran cette odeur de tabac froid dans une bagnole, je trouve qu'il a du talent.

*

— *Vous passerez peut-être un jour derrière la caméra ?*

— Peut-être. Pour m'éviter d'être devant, alors.

*

Je rêve de tourner dans une version terrestre des *Dents de la mer* : les gens sur la plage iraient se réfugier dans l'eau, terrifiés par un vrai bouc qui s'appellerait Maker...

*

Les gens de cinéma ont des œillères. Surtout en matière de comique. Ils n'aiment que le style tarte à la crème... et plutôt au dessert qu'à l'apéro.

*

Pialat, c'est une vieille histoire... Ça faisait quinze ans qu'on devait tourner ensemble, et à chaque fois c'était Depardieu qui le faisait. C'était pas mal, comme doublure, et en plus il est bien.

*

Van Gogh ? Émouvant. Comme les sables.

*

En tant que peintre, Van Gogh était vision-
naire. Malheureusement, il a pas visionné que
plus tard ses toiles coûteraient des milliards.
Ça l'aurait déprimé encore plus.

*

Mon peintre favori, c'est sûrement pas Van
Gogh. C'est un Portugais qui habite en face de
chez moi et qui peint exactement ce qu'on lui
demande.

*

– *À quel moment avez-vous senti que Pialat
vous avait définitivement choisi pour jouer
Van Gogh ?*
– Très tard parce que, à l'époque, tous les
comédiens de Paris s'étaient teints en roux et
prenaient des cours de dessin. À la fin du tournage, j'ai été sûr que c'était moi. Quoique, avec
Maurice, on ne sait jamais.

*

Au départ, j'ai dit : « Je veux bien faire Van Gogh, mais pas ses toiles. » Ça, j'en étais pas capable.

*

C'est vrai qu'il est pas commode. Mais les metteurs en scène qui ont l'air gentil sont souvent bien plus vicelards.

*

J'ai bossé comme un fou avant le Pialat. J'ai perdu dix kilos pour interpréter Van Gogh, alors, bien sûr, on a dit que j'étais malade. Cancer, sida, tuberculose. Voilà ce qu'on dit quand je bosse.

*

Pialat n'aime pas les comédiens profession-nels, mais il les a fait tourner surtout pour s'en débarrasser.

*

Au cinéma, à chaque fois qu'on dit que la prise est bonne, on la refait, c'est bizarre. Pialat, lui, il dit : « C'est de la merde, on la refait. » Il est moins jésuite que les autres.

*

C'est un drôle de type. Je l'ai vu parler puis se rétracter. Il parle comme s'il était au confessionnal.

*

Il offre parfois des orties à la place des roses, mais il offre et c'est le principal.

*

Pialat, pour le vexer, il faut le flatter.

*

Pialat a dit de moi que j'étais capable du meilleur comme du pire. On peut pas faire plus belle déclaration. Un vrai mariage.

*

– *Si un jour Maurice Pialat vous rappelle pour un film, que lui répondrez-vous ?*

– Je lui dirai d'abord non, pour lui faire plaisir. Et puis oui, pour le satisfaire.

*

L'exhibitionnisme existe dans tous les métiers, et pas qu'au cinéma. Le problème, c'est que, quand on ouvre le manteau du cinéma français, la quéquette n'est pas très grande.

*

Le cinéma français ne va pas bien. On est comme dans un restaurant avec une carte si abondante que l'on ne mange plus rien. C'est pour cela que je crois que la maladie doit être sur l'écran – et pas l'incubation, qui nous barbe.

*

Les projections privées m'ont dégoûté du cinéma. Je déteste le côté enterrement où, à la sortie, les gens vous prennent par le bras, hochent la tête d'un air entendu, du genre : « On se rappellera. » Godard, lui, suivait les gens jusqu'à leur voiture. Là, les gens parlaient : « Quel ennui ! Il nous emmerde, ce con. » Il était très fort pour ça.

*

Ils sont là, en train de se congratuler à des premières, mais en fait ils se haïssent. Enfin, ils ne s'aiment que s'ils ne se gênent pas. Schwarzenegger doit adorer Michel Blanc, par exemple. Il sait qu'il ne lui piquera pas ses rôles.

*

Dans sa vie, John Wayne peut tuer six mille Indiens, jamais il n'abattra un chien ou ne fera de mal à un enfant. C'est ce qu'on appelle « faire une carrière ».

*

À propos du film Le Camion *de Marguerite Duras, film à deux personnages au début duquel Gérard Depardieu prend Marguerite Duras en stop :*

Avec moi, son *Camion* eût coûté encore moins cher. Juste le plein d'essence. À l'inverse de Depardieu, qui est censé la prendre en stop, j'aurais continué ma route.

*

Au cinéma, il y a pratiquement toujours une scène au lit et une à table. Pourquoi jamais dans les toilettes ?

*

Le seul truc utile avec les césars, et personne n'en parle, c'est que ça fait monter les prix. C'est tout. Sinon, c'est invendable. C'est comme les disques d'or. Le premier que j'ai eu, j'avais essayé de le vendre. Je l'ai fait peser par le bijoutier en bas qui m'a dit : « Vous rigolez ou quoi ? » C'est plaqué minable, c'est du jaune trompette.

*

Au festival de Cannes, il y a une seule façon d'être tranquille : je me débrouille généralement pour avoir deux rendez-vous en même temps à deux endroits différents. Comme ça, je peux les annuler au dernier moment en collant tout sur le dos de l'attachée de presse.

*

Les échecs commerciaux existent, hélas. Ce serait malhonnête de ma part de dire que je ne m'intéresse pas aux chiffres. Mais ce serait encore plus malhonnête de dire que je m'y intéresse.

*

Je regarde la télé, évidemment. Des heures. Mais éteinte.

*

Sueurs froides d'Hitchcock est mon film préféré. Je l'ai vu 52 fois de suite à sa sortie. 51, ça ferait un peu alcoolique...

*

La Grande Illusion de Renoir m'a fait beaucoup d'effet. Déjà, j'adorais le titre, toujours d'actualité d'ailleurs, à moins d'être un nouveau-né... Et tous ces grands seconds rôles d'alors, c'étaient les véritables fondations d'un film ! À l'époque, au ciné, c'était comme à Guignol, on attendait l'arrivée sur l'écran de Carette, Dalio, Larquey – qui, soit dit en passant, me faisait penser à un chimpanzé –, ou de Noël Roquevert, mon comédien préféré. Voir son nom au générique me procurait une joie immense, j'adorais ses mimiques, son œil fixe, son regard extrêmement droit, incisif, même dans les comédies dramatiques. Plus tard, j'ai absolument voulu le rencontrer pour monter une pseudo-opérette avec lui. Il est arrivé vers moi, il a pointé sa canne et il m'a dit : « Paris s'éveille ? »

*

J'ai fait de la pub en chair et en os. J'étais le seul homme. C'était Woolite. Il fallait dire : « Une seule dose suffit », ça c'était marrant.

*

Il arrive un moment où, pour les sous, il vaut mieux faire une bonne pub qu'un mauvais film. Parce que, après un mauvais film, tu ne refais pas de film.

*

Pour la publicité, il faut avoir beaucoup d'idées. Et des idées courtes.

*

La télé, du chewing-gum pour les yeux.

*

La télé, on ne peut pas la regarder. Quand on est debout, on ne la regarde pas. Quand on est assis, on s'endort.

*

La télé, c'est un compagnon fidèle comme un chien, mais c'est moins salissant. Sauf si on l'allume souvent. C'est le feu de bois, quoi.

*

– *Les gens changent souvent de télé...*

– C'est qu'ils n'ont rien compris : c'est pas la télé qu'il faut changer, c'est les programmes. Et c'est pas en changeant de télé, les gars, qu'on change de programme.

*

La télé idéale, pour moi, c'est pas celle qui garde tout le monde rivé devant elle, ce serait plutôt celle qui foutrait tous les gens dehors.

*

– *Vous enregistrez des choses à la télé ?*

– Jamais. Ah si, à l'époque, le « Ni oui ni non » aux « Jeux de 20 heures ». Ça, c'était incroyable. Je me le repasse régulièrement.

*

L'éclairage est nul dans la plupart des émissions de télé. Le présentateur passe deux heures au maquillage, sa place est superbement éclairée et tous les mecs autour de lui ont l'air d'avoir cinquante ans de plus et des problèmes de foie.

*

– *Vous aimez les émissions de débats ?*
– Oui. Mais elles ne durent pas assez. Il ne faudrait pas de limites, il faudrait laisser parler les mecs pendant des heures et des heures, voire des jours entiers, jusqu'à plus soif. À la fin, ils révéleraient peut-être leurs vrais visages, et là ça deviendrait intéressant.

*

« Droit de réponse » ? On aurait dit que l'émission se faisait dans une taverne. Ils auraient dû changer le mobilier à chaque fois. Et ça faisait soixante-huitard à la fin. Soixante-huit trop tard !

*

Ils ont refusé que je fasse « Le Divan » de Chapier. Parce que je voulais le faire sur le ventre pour voir comment ça allait dégénérer.

*

Je suis fan de *Derrick*, un supersomnifère : pas un coup de feu. La déprime est assurée avec tous ces marrons, tous ces ocres. J'ai fait encadrer une photo de vieilles dames roupillant devant une télé qui passe *Derrick* : lui est en gros plan les yeux fermés, il a dû s'endormir aussi, tout le monde dort, quoi.

*

J'adorerais faire une émission en n'invitant que des gens qui me détestent. Faux-cul jusqu'au sommet... ce serait drôle.

*

À la fin d'une émission de télé en tête-à-tête qui lui était consacrée :
– *L'émission s'est bien passée ?*
– Oui.
– *Tu t'es trouvé bien ?*
– Oui. De temps en temps. Quand tu parlais.

Madame l'existence

Je suis un nostalgique, même si j'essaie de me convaincre que, dans le futur, il y aura encore mieux à regretter.

*

Dans l'existence, je suis plutôt comme ceux qui arrêtent de fumer. Je fume celles des autres.

*

La vie est une maladie mortelle transmissible sexuellement.

*

On vit parce qu'il y a des gens qui meurent de faim et d'autres qui bouffent trop.

*

Je me souviens encore des gens qui habitaient près de la maison des parents. Toute la rue, noms et adresses. Pour me rappeler des conneries pareilles, soit j'ai de la mémoire, soit il ne m'arrive pas grand-chose dans l'existence.

*

Baptême, mariage, communion : effrayant ! Danse du tapis, danse des canards... Les plus belles pubs pour déodorant !

*

Avec l'âge, les maladies ne deviennent pas plus nombreuses, elles deviennent plus précises.

*

Vieillir ? C'est mieux que la seule alternative.

*

On ne vieillit pas quand on reste à peu près soi. Les choses commencent à changer quand on se trafique. Il y a des mecs qui naissent bruns ; ils chantent, ils sont blonds ! Quand quelque chose tombe, ils rachètent la même pièce. Des espèces d'habits de gala, en somme. Je connais un chanteur espagnol qui a carrément le numéro de téléphone de son dentiste sur les dents.

*

La vie, c'est faire semblant de ne pas être mort.

*

Pour certains, la mort c'est la seule façon qu'ils ont de se prouver qu'ils étaient vivants.

*

La mort, qu'est-ce que tu veux que je te dise, j'y connais rien.

— *Vos amis disparus vous manquent ?*
— Ce serait plutôt à eux de pleurer sur notre sort !

*

Dommage qu'on n'ait pas une visite de nos morts une fois par an. « Alors, comment vas-tu ? » Le coma, ça marche pas, je me suis renseigné.

*

Il faut bien se dire qu'on purge une peine, sur Terre. Liberté surveillée. Il y en a qui prennent pour quarante, soixante, soixante-dix ans...

*

Beaucoup meurent à trente ans. Et sont enterrés quarante ans plus tard.

*

La mort nous baise. Je pense à cette actrice célèbre qui avait mis la plus belle robe de son plus grand rôle, qui a pris un tas de barbituriques, des conneries, qui s'est allongée sur son lit, chandelles, musique superclassique, mise en scène énorme... et le premier truc qu'elle a fait, elle a chié. Et elle a dégueulé. Partout. Elle est morte comme ça. Partie en pets. Y avait de la merde et du dégueulis partout. Tout noir. Tout s'est vidé. Flamboyant, non ?

⁂

– *La mort vous fait peur ?*
– On est nés pour ça. La vie est une petite étape. Élémentaire. Ou alimentaire. Pour les vers.

*

En France, les rumeurs deviennent bien vite des tumeurs.

*

Dix fois, les journalistes ont annoncé ma mort. Sur ma tombe, il faudra écrire : « Encore ! »

*

Je sais que ma nécro est prête : je suis déjà mort plusieurs fois. Je me souviens d'un jour, au bar du Hilton. C'était l'ouverture, le barman a branché la radio et j'ai entendu : « Jacques Dutronc est mort. » De quoi, j'en savais rien. Mon père était mort de rire : « Mais enfin, Jacques, tu me l'aurais dit ! »

*

– *Le suicide ?*
– Bien. Son contraire aurait été bien, aussi.

*

Il n'y a que les gens qui se suicident qui aiment la vie. Les autres ne se posent pas de questions.

*

Je n'ai pas encore fait de demande pour vieillir. Si je devais me suicider, ce serait avec un pistolet à eau. La moins salée possible. Volvic, par exemple.

*

— *Comment voudriez-vous mourir ?*
— Guéri, parce que souffrir pour vivre, c'est bien, mais souffrir pour mourir, c'est un peu chiant, quand même !

*

La terre sèche est un bon couvercle.

*

— *Croyez-vous en Dieu ?*
— Je préférerais que ce soit lui qui croie en moi.

*

Je préfère l'incinération : finir dans une boîte de cigares, avec une bague.

Discographie

1966

Les Play-boys – L'Espace d'une fille – Sur une nappe de restaurant – J'ai mis un tigre dans ma guitare – Les Cactus – Et moi, et moi, et moi – L'Opération – On nous cache tout, on nous dit rien – La Fille du Père Noël – Les gens sont fous, les temps sont flous – La Compapadé – Mini-mini-mini *(Vogue)*

1968

Comment elles dorment – Fais pas ci, fais pas ça – La Métaphore – La Publicité – L'Augmentation – Hippie hippie hourrah – Il est cinq heures, Paris s'éveille – Les Métamorphoses – Ça prend, ça n'prend pas – Les Rois de la réforme – Le Courrier du cœur – Le Plus Difficile *(Vogue)*

1969

À toute berzingue – La Seine – Les Vangau-guins – Transes-Dimanche – Proverbes – L'Opportuniste – Le Roi de la fête – Amour, toujours, tendresse, caresse – Je suis content – La Leçon de gymnastique du professeur Dutronc – La Solitude – Le Mythofemme *(Vogue)*

1970

Le Responsable – L'Idole – L'amour est le moteur du monde – La Maison des rêves – Quand c'est usé, on le jette – Les Petites Annonces – Où est-il l'ami Pierrot ? – L'Aven-turier – Laquelle des deux est la plus snob – Les Femmes des autres – La Paresse – L'Hôtesse de l'air *(Vogue)*

1971

L'Arsène – Restons français, soyons gaulois – Ma poule n'a plus que 29 poulets – Il suffit de leur demander – Le Conte de fées – Les Parasites – Le Monde à l'envers – Le fond de l'air est frais – À la queue les Yvelines – Elle m'a dit non, elle m'a dit oui – L'âne est au four et le bœuf est cuit – J'avais la cervelle qui faisait des vagues *(Vogue)*

1972

Le Petit Jardin – Vie privée, domaine public – L'Éléphant aveugle – Ne pas t'oublier – Ksst ksst – Elle est si... – L'Âge d'or – L'Homme de paille – Le Combat – Adieu ma vie – Tic-Tic *(Vogue)*

1975

L'Île enchanteresse – Le Testamour – La France défigurée – L'Amour à la chaîne – Le Dilemme – J'comprends pas – Gentleman cambrioleur – L'Amour-Prison – Mais surtout sentimentale – Les Roses fanées – Le Bras mécanique *(Vogue)*

1980 : *Guerre et pets*

L'hymne à l'amour (moi l'nœud) – Ballade comestible – Le Temps de l'amour – L'Éthylique – J'ai déjà donné – La Vie dans ton rétroviseur – Manque de tout – Mes idées sales – L'avant-guerre, c'est maintenant *(Gaumont musique)*

1982 : *C'est pas du bronze*

C'est pas du bronze – Tous les goûts sont dans ma nature – Savez-vous planquer vos sous – L'Écorchée vive – L'Autruche – Le Cœur lourd dans mon poids lourd – Vidéo gratias – Remue-Ménages – Berceuse – Transit aigu *(Gaumont musique)*

1987 : *CQFDutronc*

Les Gars de la narine – Europe n'roll – À nous deux (CQFD) – Corsica – Qui se soucie de nous – Beau Blaireau – Strip-Tease – Opium (avec Bambou) – Sainte Suzanne (instrumental) *(CBS)*

1992 : *Dutronc au Casino*

L'Opportuniste – J'aime les filles – La Fille du Père Noël – Qui se soucie de nous – Les Roses fanées – Les Cactus – J'comprends pas – L'Hymne à l'amour (moi l'nœud) – Opium – Corsica – À la vie, à l'amour – J'ai déjà donné – Entrez m'sieur dans l'humanité – L'Âme sœur – Berceuse – Il est cinq heures, Paris s'éveille – La Compapadé – Merde in France (cacapoum) – Et moi, et moi, et moi *(Sony)*

1995 : *Brèves Rencontres*

L'âme sœur – À part ça – Faut qu'j'rôde – Tous les goûts sont dans ma nature – Entrez m'sieur dans l'humanité – La Pianiste dans une boîte à Gand – Elle m'a rien dit, elle m'a tout dit – Brèves Rencontres – Laisse Lucie faire – Rappelez-moi de vous oublier – Thomas (instrumental) *(Columbia)*

2003 : *Madame l'Existence*

Madame l'Existence – La Vie en live – Un jour, tu verras – Face à la merde – L'Homme et l'enfant – Voulez-vous – L'Ère de rien – Transat en solitaire – C'est peut-être ça – Sainte Suzanne – Dou douce *(Columbia)*

Filmographie

1973

Antoine et Sébastien de Jean-Marie Périer
OK patron de Claude Vital

1974

L'important c'est d'aimer d'Andrzej Zulawski

1975

Le Bon et les Méchants de Claude Lelouch

1976

Mado de Claude Sautet

1977

Violette et François de Jacques Rouffio
Le Point de mire de Jean-Claude Tramont

1978

Sale Rêveur de Jean-Marie Périer
L'État sauvage de Francis Girod
Pierrot mon ami de François Leterrier (TV)

1979

Retour à la bien-aimée de Jean-François Adam
À nous deux de Claude Lelouch
Le Mors aux dents de Laurent Heynemann
Le Mouton noir de Jean-Pierre Moscardo
Sauve qui peut (la vie) de Jean-Luc Godard

1980

L'Entourloupe de Gérard Pirès
Rends-moi la clé de Gérard Pirès

1981

Malevil de Christian de Chalonge
L'Ombre rouge de Jean-Louis Comolli

1982

Y a-t-il un Français dans la salle ? de Jean-Pierre Mocky
Paradis pour tous d'Alain Jessua
Une jeunesse de Moshé Mizrahi

1983

Sarah de Maurice Dugowson
Tricheurs de Barbet Schroeder

1989

Mes nuits sont plus belles que vos jours
d'Andrzej Zulawski
Chambre à part de Jacky Cukier

1990

Le Pinceau à lèvres de Bruno Chiche
(court-métrage)

1991

Van Gogh de Maurice Pialat
César du meilleur acteur

1992

Toutes peines confondues de Michel Deville

1995

Le Maître des éléphants de Patrick Grandperret

1996

Les Victimes de Patrick Grandperret

1998
Place Vendôme de Nicole Garcia

2000
Merci pour le chocolat de Claude Chabrol

2001
C'est la vie de Jean-Pierre Améris

2002
Embrassez qui vous voudrez de Michel Blanc

2004
Pédale dure de Gabriel Aghion

2007
Ma place au soleil d'Éric de Montalier
UV de Gilles Paquet-Brenner
Le Deuxième Souffle d'Alain Corneau

Table

L'HUMOUR
AU CHERCHE MIDI

LES MONTY PYTHON
*Le Grand Livre
des Monty Python*

MICHEL MULLER
Pas tout noir

INGRID NAOUR
Drôles de zèbres

Bestiaire humoristique

DANIEL PRÉVOST
*Un couple
de notre temps*

Éloge du moi

Lettres d'adieu

PHILIPPE VAL
*Allez-y,
vous n'en reviendrez pas*

*Allez-y,
vous n'en reviendrez pas
(la suite)*

Bonjour l'ambiance

Fin de siècle en solde

No problem !

Bons baisers de Ben Laden

Les Traîtres et les Crétins

WOLINSKI
La Morale

Fin de siècle en solde

Mis en pages par DV Arts Graphiques à La Rochelle
Imprimé en France par la Société Nouvelle Firmin-Didot
Dépôt légal : novembre 2007
N° d'édition : 1098 – N° d'impression : 87544
ISBN 978-2-7491-1098-1